Handbuch Consulting 2014

Lünendonk Handbuch Consulting 2014
50 führende Partner für Ihr Unternehmen
Kelsterbach, Fakten & Köpfe Verlagsgesellschaft mbH, 2014
ISBN 978-3-9815157-2-5
© Lünendonk GmbH – Gesellschaft für Information und Kommunikation, Kaufbeuren, März 2014

Alle Texte sind urheberrechtlich geschützt. Jede Verwertung, die nicht ausdrücklich vom Urheberrechtsgesetz zugelassen ist, bedarf der vorherigen Zustimmung der Lünendonk GmbH – Gesellschaft für Information und Kommunikation, Kaufbeuren.

Herausgeber:	Dr. Hans-Peter Canibol, Jörg Hossenfelder, Thomas Lünendonk
Redaktion:	Fakten & Köpfe Verlagsgesellschaft mbH, Kelsterbach, und Lünendonk GmbH – Gesellschaft für Information und Kommunikation, Kaufbeuren
Redaktionsleitung:	Dr. Hans-Peter Canibol, Mario Zillmann
Layout, Satz und Grafiken:	Marion Grunitz, SatzWerke, Rüsselsheim
Korrektorat:	Günter Neeßen, Frankfurt am Main
Druck und buchbinderische Arbeiten:	Mesaprint, Buchloe

LÜNENDONK

HANDBUCH CONSULTING 2014

50 FÜHRENDE PARTNER FÜR IHR UNTERNEHMEN

Inhalt

Vorwort 8

Teil I – Erfolgsfaktor Consulting 10

Thomas Lünendonk und Mario Zillmann
**Neue Wertschöpfungspartnerschaften
in der Managementberatung** 13

Dr. Heinz Streicher und Mario Zillmann
Der Markt für Managementberatung 23

Antonio Schnieder
**Industrie 4.0 und Big Data werden das Geschäft
der Consultants immer stärker befeuern** 33

Prof. Friedrich Bock
Der Managementberatungsmarkt in China 41

Dr. Carsten Rennekamp
**Veränderungen in der Zusammenarbeit von Einkauf,
Bedarfsträgern und Managementberatungen** 49

Dr. Hans-Peter Canibol und Alexandra Rehn
**Web-Kommunikation der Beratungsunternehmen –
Lufthoheit schafft Wettbewerbsvorteile** 57

Nikolai Haase
Sesam, öffne dich! 66

Teil II – Aktuelle B2B-Services für die Praxis 72

Dr. Thomas Haller

Branchen-Special »Energie«: Der Kunde im Mittelpunkt – warum Energieversorger ein systematisches Bestandskundenmanagement brauchen und damit gewinnen 74

Dietmar Müller

Branchen-Special »Handel«: Die Zukunft wartet nicht 78

Thilo Böhm und Dr.-Ing. Frank Thielemann

Business Process Management: Effizienzsteigerung in Verwaltungs- und Supporteinheiten 82

Dr. Krystian Pracz

Business Transformation: Industrialisierung in der Beratung 88

Markus Diederich und Dr. Walter Jochmann

Change Management: Die Besetzung von Schlüsselpositionen ist Königsdisziplin und Erfolgsfaktor 92

Florian Lang und Heiko Niedorff

Customer Relationship Management: Wissen, was Kunden wünschen 98

Günter Krieglstein

Digitale Transformation: Wege in eine neue Epoche 104

Klaus Dieterich und Darya Nassehi

Globales Ressourcenmanagement: Wie die Steuerung internationaler Projekte gelingt 110

Sebastian Feldmann, Alexander Griesmeier und Dr. Carsten Hentrich
Innovation Management: Wachstum durch Innovation – was Dienstleistungen und (digitale) Geschäftsmodelle in Zukunft leisten müssen 114

Peter Jumpertz
IT-Management: Zwischen allen Stühlen 120

Hans-Georg Scheibe
Manufacturing Excellence: Survival of the most perfect 126

Prof. Dr. Roland Eckert und Harald Grübel
Produktnahe Beratung: Das Ende der Wettbewerbsvorteile 132

Oliver Engelbrecht und Dr. Robert Wagner
Risk & Compliance Management: Risiken adäquat steuern 138

Jan Müller-Gödeke und Thibault Pucken
Supply Chain Management: Werttreiber, Chancensucher und Innovator 144

Teil III – 50 führende Berater 150

Teil IV – Anhang 202

Herausgeber 204

Autoren 205

Verzeichnis der Abbildungen 209

Bildnachweis 212

Vorwort

Managementberatung im Wandel der Zeit

Als wir vor zwei Jahren unser erstes umfassendes Fachbuch über den Managementberatungsmarkt publizierten, waren wir uns nicht sicher, wie unsere Publikation vom Markt angenommen würde. Schließlich handelte es sich ja nicht um das erste Buch über den Consulting-Markt. Daher hat uns die große und positive Resonanz von Beratern, Kunden und Medien sehr gefreut. Es ist aus diesem Grund nur folgerichtig, zeitnah eine zweite Ausgabe zu publizieren.

Die Neuauflage erscheint zu einem Zeitpunkt des Wandels, den der Beratungsmarkt derzeit erlebt. Viele Managementberatungen definieren sich gerade infolge veränderter Kundenanforderungen an externe Berater neu. Obwohl diese regelmäßig angepasst werden, um auf Umwelteinflüsse zu reagieren, beobachten wir derzeit einige bemerkenswerte Veränderungen in der Branche. So sind die einzelnen Beratungsfelder wie Strategieberatung, Organisations- und IT-Beratung oder Finanz- und Risikomanagementberatung in vielen Kundenprojekten vernetzter denn je. Die Gründe hierfür sind vielfältig: Globalisierung, kürzere Marktzyklen und Digitalisierung machen Projekte in der Planung und Umsetzung komplexer und erfolgskritischer. In der Folge beobachtet Lünendonk seit einigen Jahren neben einer rasanten Marktkonsolidierung auch eine Erweiterung der Angebotspalette einzelner Beratungshäuser. Gleichzeitig stehen die Themen »Rekrutierung von qualifizierten Mitarbeitern« und »Markenbildung« auf der strategischen Agenda vieler Managementberatungen ganz oben.

Das Marktforschungs- und Beratungsunternehmen Lünendonk untersucht den Managementberatungsmarkt seit 1983, also seit über drei Jahrzehnten. Die jährlich erscheinende »Lünendonk®-Liste der 25 führenden Managementberatungen in Deutschland« und die dazugehörige Studie haben sich in dieser Zeit zu einem geschätzten Marktbarometer für alle Marktakteure entwickelt. Mit dem vorliegenden Fachbuch erweitern wir die Marktperspektive mit interessanten Fachbeiträgen aus der Feder von Managementberatungen und Marktbegleitern.

Neben der Expertise der Autoren fließen auch unsere langjährigen Erfahrungen und Informationssammlungen in diese Fachpublikation ein, um dem Leser einen fundierten und umfassenden Überblick über alle Facetten des Managementberatungsmarktes zu geben. Was sind relevante und aktuelle Themen im Markt und wie begegnen ihnen Managementberatungen? Welche Rolle spielen IT und Digitalisierung für moderne Beratungskonzepte? Wie geht die Branche mit Innovationen und neuen Beratungsmethoden um? Und wie unterscheidet sich die Beratung für Großunternehmen und Konzerne von der für mittelständische Kundenunternehmen?

Zu diesen spannenden Punkten beziehen Vorstände, Geschäftsführer sowie Partner aus unterschiedlichen Beratungshäusern ebenso Stellung wie Vertreter aus Kundenunternehmen, Wissenschaft und Medien. Die Fachbeiträge gehen auf die dringendsten Herausforderungen und Veränderungen der Branche ein. So widmen sich einige der Beiträge im ersten Teil des Buches der Rekrutierung von Managementberatern, dem Einfluss von Social Media auf die Marketing-Strategien von Beratungen sowie dem Beratungsmarkt in China.

Wir bedanken uns bei den Beratungsunternehmen, die dieses Fachbuch mit hochwertigen Beiträgen bereichern, sowie unserem wissenschaftlichen Beirat und dem Vorstand des Bundesverbandes Deutscher Unternehmensberater (BDU e.V.) für ihre Mitwirkung an diesem Projekt.

Auch wäre die Neuauflage des Handbuchs Consulting 2014 erneut nicht ohne die die langjährige Verlagsexpertise und die tatkräftige Unterstützung des Verlages Fakten & Köpfe möglich gewesen. Das Ergebnis kann sich aus unserer Sicht sehen lassen, und wir hoffen, Sie, liebe Leserinnen und liebe Leser, sehen das genauso!

Wir wünschen Ihnen eine spannende und nützliche Lektüre. Auf Ihr Feedback und Ihre Anmerkungen freuen wir uns!

Kaufbeuren, März 2014

Jörg Hossenfelder
Geschäftsführender Gesellschafter der Lünendonk GmbH

Teil I – Erfolgsfaktor Consulting

Thomas Lünendonk und Mario Zillmann
Neue Wertschöpfungspartnerschaften in der
Managementberatung 13

Dr. Heinz Streicher und Mario Zillmann
Der Markt für Managementberatung 23

Antonio Schnieder
Industrie 4.0 und Big Data werden das Geschäft der
Consultants immer stärker befeuern 33

Prof. Friedrich Bock
Der Managementberatungsmarkt in China 41

Dr. Carsten Rennekamp
Veränderungen in der Zusammenarbeit von Einkauf,
Bedarfsträgern und Managementberatungen 49

Dr. Hans-Peter Canibol und Alexandra Rehn
Web-Kommunikation der Beratungsunternehmen –
Lufthoheit verschafft Wettbewerbsvorteile 57

Nikolai Haase
Sesam, öffne dich! 66

» Leadership & Transformation

Die Bewältigung von Wandel ist für Organisationen Kern- und Daueraufgabe. Kienbaum berät Unternehmen, Institutionen und Verbände in Transformationsprozessen immer dann, wenn es um People und Organisation geht. Integriert und vernetzt über die gesamte Wertschöpfungskette hinweg: von der Personalsuche über Managementberatung bis zur Kommunikation.

Im Mittelpunkt des Kienbaum-Beratungsverständnisses steht der Mensch. Als Träger von Entwicklung und Veränderung ist er die entscheidende Stellgröße wandlungsfähiger und erfolgreicher Unternehmen. Kienbaum verbindet hohe Kompetenz in allen HR-Fragen mit einer tiefen Expertise im Bereich der klassischen Managementberatung und stellt dabei die besondere Relevanz von Leadership in den Mittelpunkt. Damit Transformationsprojekte zu messbaren Erfolgen werden, agiert Kienbaum in vier Dimensionen:

» Menschen und Kompetenzen,
» Organisation und Steuerung,
» Prozesse und Systeme sowie
» Strategie und Ausrichtung.

Diese einzigartige Kombination erlaubt es Kienbaum, zusammen mit seinen Kunden zukunftsfähige Antworten auf die aktuellen Herausforderungen zu geben und so den Wert des Unternehmens messbar und nachhaltig zu steigern.

Kienbaum Management Consultants GmbH | Hafenspitze | Speditionstraße 21 | 40221 Düsseldorf | Fon: +49 211 96 59-263 | kienbaum@kienbaum.de | www.kienbaum.

Thomas Lünendonk
und Mario Zillmann

Neue Wertschöpfungs-partnerschaften in der Managementberatung

Dass sich das Wettbewerbsumfeld vieler Unternehmen ständig verändert und stets von allen Beteiligten eine Anpassungs- und Veränderungsbereitschaft erfordert, ist nicht neu. Auf Globalisierung und neue Technologien etwa im Mühlenwesen oder im Schiffbau hatten sich schon die Menschen im Mittelalter einzustellen. Aber stärker denn je haben es Unternehmenslenker heute mit einem Spannungsfeld zwischen Wachstum, Innovationen, Kostendruck und einer abnehmenden Kundenloyalität zu tun. Beeinflusst durch die fortschreitende Globalisierung im Sinne freien Handels und der Entwicklung ehemaliger Schwellenländer zu mitunter hoch entwickelten Industrie- und Dienstleistungsstandorten, sind neue Absatzmärkte entstanden. Aber auch Wettbewerber aus neuen Märkten, die mit geringerem Kapitaleinsatz vergleichbare Produkte und Dienstleistungen herstellen und vermarkten, entwickelten sich. Gleichzeitig wirken in Zusammenhang mit der rasant fortschreitenden Digitalisierung neue Technologien wie Big Data, Analytics, Mobile oder Cloud Computing auf Unternehmen und Organisationen ein und verändern Prozesse von Produktion und Logistik bis hin zu Vertrieb, Marketing oder Human Resources, ebenso wie Geschäftsmodelle sowie Produkte und Services.

Spannungsfeld aus Wachstum, Effizienz und Innovationen

2014 im Zeichen von Veränderungs- und Anpassungsprozessen

Ein Blick auf die aktuellen und geplanten Projekte international tätiger Großunternehmen und Konzerne bestätigt, dass vor allem Veränderungs- und Anpassungsprojekte 2014 und in den folgenden Jahren umgesetzt werden sollen. Dabei gilt es, eine Brücke zu schlagen zwischen der Umsetzung von Wachstums- und Kundenbindungsstrategien, der Einführung komplexer Technologien sowie Effizienz- und Kostenprojekten. Dies zeigen Ergebnisse einer Befragung der Lünendonk GmbH im Sommer 2013 unter Führungskräften aus Großunternehmen und Konzernen.

Hinter den kurz- und mittelfristig geplanten Projekten steckt die Annahme vieler Unternehmen, dass sich Wettbewerbsvorteile heute und in Zukunft vor allem durch ein ausgewogenes Verhältnis von Kosteneffizienz und Innovationsfähigkeit erzielen lassen. Laut Lünendonk-Analysen haben folgende Themen im Zeitraum bis 2020 höchste Priorität (siehe Abb. 1, Seite 15):

- Wachstum/Positionierung
- Globales Wachstum
- Kosten/Rendite/Preisdruck
- Effizienzsteigerung/Prozessoptimierung
- Innovationsfähigkeit

Da immer mehr Geschäftsmodelle und Organisationsabläufe auf IT-Technologien basieren oder sehr stark von ihnen abhängen, verändern sich auch die Anforderungen an externe Berater, die hier unterstützend tätig sind – sei es durch die Planung, Steuerung und Umsetzung kompletter Projekte oder durch die Ressourcenunterstützung ihrer Kunden mit externen Beraterkapazitäten. Als Beispiele für IT-nahe Beratungsthemen dienen mobile Zahlungssysteme, RFID-basierte Lieferketten oder vollautomatisierte Produktions- und Logistikabläufe. Der Komplexitätsgrad in der Planung, Steuerung und Umsetzung solcher Projekte ist sehr hoch, weshalb Kunden hohe Ansprüche an die Auswahl der richtigen Dienstleistungspartner stellen. So betreffen viele Projekte mehrere Fachbereiche oder Geschäftseinheiten und weisen neben einem strategischen und organisatorischen Hintergrund auch einen Technologiebezug auf. Ihre wichtigsten Herausforderungen wollen die analysierten Großunternehmen und Konzerne zu einem Viertel oder einem Drittel mit externen Beraterressourcen konzipieren und umsetzen; einerseits, weil viele Projekte einen enormen Ressourcenbedarf erfordern, der durch interne Mitarbeiter nicht abgefedert werden kann. Andererseits, weil

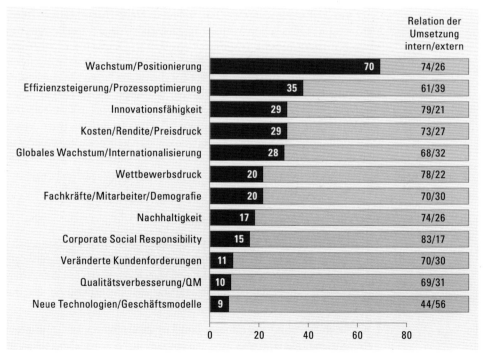

Abb. 1: Die mittelfristig (2015–2020) wichtigsten Herausforderungen
Sicht der Kunden – maximal drei Nennungen möglich – absolute Häufigkeit
Themen in Zusammenhang mit »Wachstum/Positionierung« werden künftig zu rund einem Viertel von externen Dienstleistern umgesetzt. Bei Prozessoptimierungen fällt der externe Umsetzungsanteil höher aus.

Quelle: Lünendonk®-Studie »Business Innovation/Transformation Partner«, November 2013

es aufgrund eines hohen Innovationsdrucks und der Nähe der IT zu Fachprozessen in vielen Projektorganisationen an notwendigem Know-how mangelt.

Rolle externer Berater bei Planung und Umsetzung

Die Entscheidung, ob, wann und in welchem Umfang externe Unterstützung bei der Umsetzung notwendig ist, hängt sowohl vom jeweiligen Fachthema, der kundeninternen Kompetenz als auch von der Phase der Umsetzung ab.

Beratungen erwarten hohe Wachstumsraten für ihr Business

Dass sich viele zentrale Herausforderungen in Zeiten des Fachkräftemangels sowie der flexiblen Personalbestände meist nicht ausschließlich mit eigenen Ressourcen lösen lassen, zeigen die Ausgaben für externe Strategie- und Managementberatung der letzten Jahre. So sind zwischen 2010 und 2012 die jährlichen Aufwendungen für Unternehmensberatung deutlich stärker gestiegen als das Bruttoinlandsprodukt in Deutschland. Die Notwendigkeit, in einem sich rasant verändernden Marktumfeld wettbewerbsfähig zu bleiben, treibt diese Entwicklung. Während die deutsche Wirtschaft im Jahr 2012 um 0,7 Prozent zugelegt hat, haben in Deutschland tätige Unternehmen im statistischen Mittel ihre Ausgaben für externe Berater um etwa 8 Prozent erhöht. Insgesamt wurden in Deutschland Aufträge im Wert von rund 18 Milliarden Euro an Strategie- und Managementberatungen vergeben. Etwa 45 Prozent davon entfallen auf die Unterstützung bei Organisationsprojekten, während 24,5 Prozent reine Strategieprojekte betreffen. Obwohl für das Jahr 2013 in Deutschland ein Wirtschaftswachstum von etwa 0,5 Prozent ausgewiesen wird, gehen die von Lünendonk befragten Managementberatungen erneut von einem stärkeren Wachstum in den kommenden fünf Jahren aus. Die Prognosen liegen mit rund 5 Prozent auf einem vielfach höheren Niveau.

Mittelfristige Ausgabenplanungen

Für das Jahr 2014 rechnen die Wirtschaftsforscher in ihren Gutachten mit einem Anziehen der Konjunktur auf ein Wachstum von mehr als 1,5 Prozent. Diese Prognose deckt sich mit den erwarteten Ausgaben für Strategie- und Managementberatung der Unternehmen für die Jahre 2014 und 2015.

Laut Analysen von Lünendonk planen etwa drei von vier Großunternehmen und Konzernen, ihre Ausgaben für Beratungsprojekte in den kommenden Jahren zu erhöhen. Über 80 Prozent der von Lünendonk im Sommer 2013 befragten Großunternehmen wollen ihre Ausgaben für Strategie- und Managementberatung erhöhen. Nur vereinzelte Führungskräfte rechnen mit einer rückläufigen Ausgabenentwicklung in ihren Unternehmen (siehe Abb. 2). Die Ergebnisse zeigen, dass die Dynamik vor allem aus dem gehobenen Mittelstand kommt.

Die Begründung für diese Entwicklung liegt auf der Hand. Während Großkonzerne bereits vor Jahren ihre Prozesse verschlankt und modernisiert sowie ihre internationalen Strukturen aufgebaut haben, ziehen die anderen Unternehmen nun nach. Nicht selten heißt es auch: »Follow the Leader«, sprich: Zuliefer-Unternehmen folgen ihren OEM-Großkunden ins Ausland und müssen sich deshalb organisatorisch und technologisch anpassen. Dass dies nicht ohne externe Unterstützung geht, zeigen ihre Ausgabenplanungen.

Neue Anbietergruppen etablieren sich

Insbesondere die Adaption neuer Technologien wie Big Data, Analytics, Cloud oder Mobile Business zur Entwicklung darauf basierender Geschäftsmodelle und Organisationsstrukturen sind in den letzten Jahren wichtige Einsatzfelder von Managementberatungen geworden. So liegt der Anteil von IT-Beratung am Umsatz der Strategie- und Managementberatungen immerhin bei rund 6 Prozent im statistischen Mittel. Je nach Kundenbranche und Schwerpunkt der Tätigkeit gibt es Managementberatungen, die deutlich höhere Umsatzanteile mit IT-Beratung aufweisen. Insbesondere bei Banken und Versicherungen ist die IT-Beratung ein wesentlicher Bestandteil der Fachberatung. Aber auch die verstärkt branchenübergreifende Vernetzung von Geschäftsprozessen mit IT-Technologien begünstigt diesen Trend. Einige internationale Dienstleistungskonzerne wie Accenture, Capgemini oder IBM erwirtschaften bereits seit Jahren signifikante Umsätze mit Management- und IT-Beratung. Andere IT-nahe Beratungsfirmen rüsten ihr Portfolio sukzessive um Prozessberatungsinhalte auf und suchen gezielt nach Beratern mit Business- und IT-Verständnis.

IT-Beratung stark bei Finanzdienstleistern

Auch die Wirtschaftsprüfungs- und Steuerberatungs-Konzerne scheinen sich auf die Kundenherausforderungen gut einzustellen und

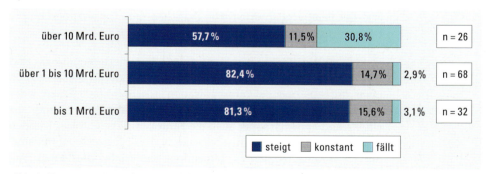

Abb. 2: Erwartete Ausgabenentwicklung der Großunternehmen für Strategie- und Managementberatung 2014 bis 2015 – Strategie- und Managementberatung inklusive interne und externe Ausgaben – relative Häufigkeit

Quelle: Lünendonk®-Studie »Business Innovation/Transformation Partner«, November 2013

holen seit Jahren auf. Ihre Kompetenzen in der steuerlichen und finanziellen Optimierung von Beschaffungs- und Logistikstrukturen oder der Risiko- und Controlling-Systeme treffen den Zeitgeist. Entsprechend entfallen rund 8 Prozent des Umsatzes der Wirtschaftsprüfungs- und Steuerberatungs-Konzerne auf Managementberatung. Dabei erzielen allerdings umsatzstarke Anbieter höhere Anteile mit Managementberatung. So lag der gewichtete Umsatzanteil mit Managementberatung 2012 bereits bei etwa 21 Prozent. Die von Lünendonk jährlich befragten Wirtschaftsprüfungs- und Steuerberatungs-Gesellschaften beobachten seit Jahren mehrheitlich, dass ihre Kunden die Qualifikation eines Managementberaters von ihren Wirtschaftsprüfungs- und Steuerberatungs-Dienstleistern fordern.

So haben die Big Four der Branche (Deloitte, EY, KPMG und PwC) in den vergangenen Jahren reine Strategieberatungen respektive auf Fachthemen spezialisierte Beratungshäuser übernommen. Während Deloitte Anfang 2013 die amerikanische Strategieberatung Monitor Group erworben hat, erweiterten EY und KPMG ihre Leistungspalette um die Beschaffungs- und Logistikspezialisten J&M und Brainnet. PwC hat 2011 den Lieferkettenspezialisten PRTM übernommen.

Worauf Kunden bei der Vergabe von Aufträgen Wert legen

Kunden erwarten mehr als Ideen und Visionen

Ebenso, wie sich die Herausforderungen der Kunden und die Komplexität ihrer Umsetzung wandelten, haben sich bei der Vergabe von Beratungsaufträgen in den letzten Jahren auch die Prozesse sowie einige Anforderungen der Kunden an ihre Berater verändert. Die reine konzeptionelle Strategieberatung in Form frischer Ideen und Visionen zur Neuausrichtung von Unternehmen oder zur Spiegelung aktueller Strategiemodelle ist weiterhin wichtig – sie reicht bei vielen Problemstellungen der Kunden aber nicht mehr aus. Viele Projekte beinhalten interdisziplinäre und bereichsübergreifende Themen und erfordern mehr integrierte Fach-, Branchen- und Umsetzungskompetenzen als reine Strategieentwicklungsprojekte.

Gefragt sind daher verstärkt sogenannte integrierte Beratungs- und Umsetzungskonzepte, die Einzeldisziplinen wie Strategiekonzept, neue Aufbau- und Ablauforganisation, Change Management oder Technologieauswahl miteinander in Verbindung setzen und aus einer Hand anbieten. Aber auch die Fähigkeit, Konzepte des Kunden in die Unternehmensorganisation und in die IT-Prozesse zu transformieren, nimmt deutlich zu. Lünendonk sieht dabei die Vernetzung aus zwei Richtungen kommend:

■ Wachstum und Innovationen: Nähe der IT zum Business und vice versa zur Entwicklung moderner Geschäftsmodelle wie E-Commerce, Multi-Channel-Kommunikation oder Service Excellence;

- Effizienz und Kostendruck: Neuausrichtung der Geschäftsprozesse durch Automatisierung, steuerliche Optimierung, Standardisierung und transparente Kennzahlen sowie Risikomanagement.

Welche Kompetenzen von Kundenunternehmen im Einzelnen gefordert sind, hängt vom Scope der Projekte ab. Analysen von Lünendonk in den letzten Jahren unter Entscheidern für den Einkauf von Managementberatung und IT-Dienstleistungen haben gezeigt, dass Folgendes den Kern des Anforderungsprofils bildet:

- Branchenkompetenz
- Fachkompetenz
- Technologiekompetenz
- Innovationsfähigkeit
- Umsetzungs- und Transformationskompetenz
- nachweisbare Erfahrung im jeweiligen Ausschreibungs-Scope (interne und externe Referenzen)
- Soft Skills der Projektmitarbeiter
- im Mittelstand: Anbieter- und Auftraggeber-Management agieren auf Augenhöhe
- Fähigkeit zur Umsetzung internationaler Projekte

Abb. 3: Bewertung von Faktoren für die grundsätzliche Kaufentscheidung für externe Managementberatung
Alle Unternehmen – Mittelwerte – absolute Häufigkeit
Skala von 1 = »gar keine Bedeutung« bis 5 = »sehr hohe Bedeutung«

Quelle: Lünendonk®-Studie »Strukturen, Trends und Qualitätsmerkmale im Einkauf von Managementberatung«, November 2012

ERFOLGSFAKTOR CONSULTING

Dieses Anforderungsprofil hängt sehr stark mit der hohen Komplexität vieler Aufgaben zusammen. Die aus einem stark volatilen Marktumfeld resultierenden Herausforderungen weisen einen hohen Umsetzungsdruck auf und führen zu einer Vielzahl parallel laufender Projekte in den Unternehmen. Nicht selten berichten Kundenunternehmen bereits über einen gewissen Projektstau und eine hohe Projektkomplexität. Diese negativen Elemente zu steuern und zu reduzieren wird zukünftig immer stärker der Anspruch an Strategie- und Managementberatungen sein.

Thomas Lünendonk ist Gründer und Inhaber der Lünendonk GmbH, Kaufbeuren, und Marktanalyst und Unternehmensberater. Das Unternehmen ist Herausgeber der als Marktbarometer geltenden Lünendonk®-Listen und -Studien.

Mario Zillmann ist Leiter Professional Services beim Marktforschungs- und Beratungsunternehmen Lünendonk GmbH, Kaufbeuren. Er ist gelernter Versicherungskaufmann und studierte Betriebswirtschaftslehre an der Fachhochschule für Wirtschaft in Berlin.

Ausblick

Die Nachfrage nach Managementberatungsleistungen erfolgt – historisch gesehen – stets in großen Wellen. Es gibt Zeiten, in denen Kunden vorwiegend in strategische Konzepte zur Neuausrichtung von Unternehmen investieren. Geht es anschließend an die Umsetzung dieser Strategien in die Unternehmensprozesse, so sind es eher Organisations- und Prozessberatungsprojekte, die den Managementberatungsmarkt bestimmen. Allerdings verändert sich die Projektkultur vieler Kunden dahingehend, dass die Konzeption und Umsetzung möglichst aus einer Hand zu erfolgen hat. Dies wird künftig noch stärker als heute dazu führen, dass Einzelthemen wie Finanz- und Steuerberatung, Organisationsberatung und IT-Beratung zu Gesamtpaketen geschnürt und an externe Beratungs- und Dienstleistungspartner vergeben werden.

Weitblick?

Was gestern noch erfolgreich war, kann sich heute schon wieder ändern oder bereits morgen veraltet sein. Wir behandeln jede Ihrer Fragestellungen, als wäre sie die erste ihrer Art und erarbeiten gemeinsam mit Ihnen Lösungen, die langfristig Bestand haben. Im Team bringen wir unsere Erfahrung in den Bereichen Unternehmensstrategie, Prozessmanagement und Technologie ein. Das Ziel immer vor Augen, gehen wir den Weg gemeinsam mit Ihnen erfolgreich zu Ende.

Neues Denken für eine sich verändernde Welt.

www.bearingpoint.com

BearingPoint®

Dr. Heinz Streicher
und Mario Zillmann

Der Markt für Management-beratung

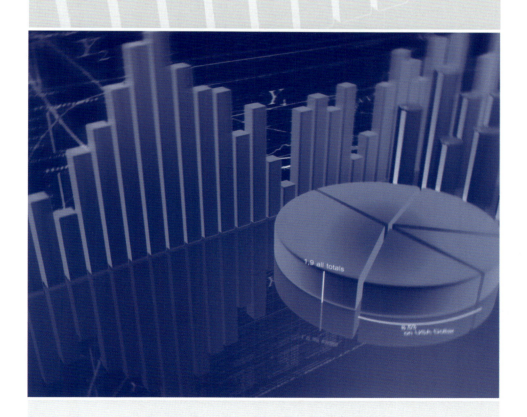

Trotz Euro-Krise und schwächelnder Weltkonjunktur floriert der deutsche Markt für Managementberatung. Das vom Bundesverband Deutscher Unternehmensberater BDU e.V. geschätzte Marktvolumen für Management- und Unternehmensberatung mit dem gesamten Themenspektrum von Strategie, Organisation, Informationstechnik, Führung, Betriebswirtschaft, Logistik und Marketing, wuchs seit 2010 durchschnittlich um rund 8 Prozent im Jahr.

Positive Entwicklung erwartet

Angesichts des deutlichen jährlichen Marktwachstums seit 2010 stellt sich die Frage, wie die Managementberatungs-Unternehmen selbst die weitere quantitative Entwicklung des Managementberatungs-Marktes in Deutschland einschätzen.

Laut der Lünendonk®-Studie 2013 über den Markt für Managementberatung in Deutschland ergeben die Prognosen der Befragungsteilnehmer für die kurzfristige Perspektive im Durchschnitt eine jährliche Veränderungsrate von 5,8 Prozent. Der Zentralwert (Median) von 5,0 Prozent unterschreitet den einfachen Mittelwert nicht gravierend – folglich sind sich die Teilnehmer in ihrer Einschätzung weitgehend einig.

Mittelfristig, also für den Zeitraum bis 2018, beurteilen die Studienteilnehmer die Entwicklung des Managementberatungs-Marktes etwas zurückhaltender. Als einfaches Mittel ergeben die Schätzungen aller Befragungsteilnehmer für die Jahre bis 2018 im Durchschnitt 5,4 Prozent p.a. Der Median (Zentralwert) von 5,0 Prozent p.a. zeigt, dass auch der Mittelwert bei der längerfristigen Prognose eine relativ breite Basis besitzt.

Des Weiteren erfragt Lünendonk zusätzlich die Erwartungen für einen weiter in der Zukunft liegenden Zeitraum, nämlich 2018 bis 2020. Dabei handelt es sich eher um die grundsätzliche Frage, wie die fernere Zukunft tendenziell eingeschätzt wird, als um numerische Prognosen.

Interessant ist, dass diese weit in die Zukunft reichenden Projektionen der Beratungsunternehmen nicht niedriger ausfallen als diejenigen für die mittelfristige Zukunft. Der Mittelwert aller Beteiligten liegt bei 5,1 Prozent pro Jahr, der Median ist gleich hoch wie bei der Mittelfristprognose (5,0 Prozent p.a.).

Trotz der positiven Marktentwicklung seit 2010 zeigen diese Prognosen der Managementberatungs-Unternehmen, dass sich die Branche längerfristig von dem lange Zeit gewohnten zweistelligen Marktwachstum verabschiedet hat.

Nachdem die Geschäftsjahre seit 2010 für die überwiegende Zahl der Managementberatungs-Unternehmen, die in die Lünendonk®-Studie einbezogen werden, erfolgreich verlaufen sind, sehen die meisten die Entwicklung ihrer individuellen Unternehmensumsätze in der nahen Zukunft auch weiterhin recht optimistisch.

Bei durchschnittlich 11,2 Prozent pro Jahr liegen die Beratungsunternehmen mit ihren kurzfristigen Umsatzprognosen. Für den mittelfristigen Zeitraum bis 2018 prognostizieren die Studienteilnehmer ein Umsatzwachstum von im Durchschnitt 9,4 Prozent pro Jahr.

Der Blick auf die Zentralwerte (Mediane) für die Prognosezeiträume zeigt, dass für alle Teilnehmer bei der Kurzfristprognose der Zentralwert mit jährlich 10,0 Prozent vom arithmetischen Durchschnitt (11,2 Prozent p.a.) nicht allzu weit entfernt liegt. Beim Zeitraum bis 2018 (Median 10,0 Prozent p.a.) fällt der Unterschied zum arithmetischen Mittelwert (9,4 Prozent p.a.) noch geringer aus.

Diskrepanz zwischen Markt- und Umsatzprognosen

Das Auseinanderklaffen von Marktprognosen und unternehmensbezogenen Umsatzprognosen macht deutlich, dass die führenden Managementberatungs-Unternehmen ihr individuelles Wachstum in den kommenden Jahren zu beträchtlichen Teilen durch Marktanteilszugewinne von anderen Anbietern erzielen wollen.

Auch die Betrachtung über einen längeren Zeitraum hinweg bestätigt diese Diskrepanz zwischen Marktprognosen und unternehmens-

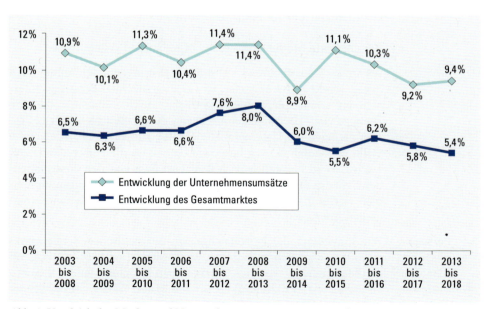

Abb. 4: Vergleich der Markt- und Unternehmensumsatz-Prognosen der Managementberatungsunternehmen. Durchschnittliche jährliche Wachstumsraten (Angaben in Prozent)

Quelle: Lünendonk GmbH

bezogenen Umsatzprognosen. Die Auswertung der entsprechenden Angaben in den Lünendonk®-Studien zum Managementberatungs-Markt von 2003 bis 2012 ergibt, dass die Marktprognosen für die jeweils nächsten fünf Jahre durchschnittlich nur 60 Prozent der individuellen Umsatzprognosen für diesen Zeitraum ausmachen.

Wie sehr die Unternehmen bei diesen Prognosen jedoch einer gewissen Selbsttäuschung unterliegen, zeigt der Blick auf die tatsächliche Entwicklung des Marktvolumens der Managementberatung von 2003 bis 2012, wie sie vom Bundesverband Deutscher Unternehmensberater BDU errechnet wurde. In dieser Zeitspanne hat sich das gesamte Marktvolumen nicht ganz verdoppelt (+83 Prozent). Die durchschnittliche jährliche kumulative Zuwachsrate beträgt 6,2 Prozent. Vergleicht man damit die Entwicklung der 25 umsatzstärksten Managementberatungsunternehmen im deutschen Markt, wie sie in den jährlichen Rankings der Lünendonk GmbH ausgewiesen werden, so zeigt sich ein Anstieg der Summe der Umsätze dieser 25 Unternehmen in diesem Zeitraum auf fast das Doppelte (90 Prozent). Die durchschnittliche jährliche kumulative Zuwachsrate liegt mit 7,7 Prozent zwar höher als die Marktwachstumsrate, aber bei Weitem nicht so hoch, wie die Prognosen vermuten lassen.

Das durchschnittliche Umsatzwachstum der größeren Managementberatungs-Unternehmen verläuft über einen längeren Zeitraum hinweg also durchaus in Einklang mit dem Marktwachstum. Die Differenz ergibt sich aus der Folge von Marktanteilsgewinnen und Übernahmen anderer Branchenunternehmen.

Beschränkte Möglichkeiten des organischen Wachstums

Allein das Schritthalten des Umsatzwachstums mit den immer noch hohen Marktwachstumsraten ist für die einzelnen Beratungsunternehmen schon ambitioniert. Jährliche Fluktuationsraten bei den Beratern von – nach eigenen Angaben – durchschnittlich über 12 Prozent zwingen die Unternehmen, Jahr für Jahr mehr als jede zehnte Stelle von außen neu zu besetzen, ohne dass die Personalkapazität wächst. Wird zusätzlich berücksichtigt, dass von den ausscheidenden Beratern nur jeder Fünfte zu einem anderen Beratungsunternehmen wechselt, so bedeutet das für die Branche quasi einen permanenten Aderlass.

Personalengpässe am deutschen Beratermarkt

Wie gravierend die Personalengpässe am deutschen Beratermarkt ausfallen, zeigt sich auch daran, dass »Mangel an Fachkräften« von den Managementberatungs-Unternehmen in Deutschland seit Jahren als stärkster Restriktionsfaktor für Erfolg und Wachstum bezeichnet wird (siehe Abb. 5).

Umsatzwachstum ist für ein Beratungsunternehmen untrennbar mit dem Wachstum seiner Personalkapazität verbunden. Wenn alle

Anstrengungen beim Personal-Marketing nicht ausreichen, um die notwendigen zusätzlichen Berater zu rekrutieren, bleibt – zumindest mittelfristig – die Möglichkeit, durch Übernahme anderer Beratungsunternehmen die Kapazität zu steigern. Für die Zukunftsgestaltung kann dann nicht mehr allein auf das organische Wachstum gesetzt werden, sondern auch Zusammenschlüsse und Übernahmen sind zu erwägen.

Das Top-Thema »Mangel an Fachkräften« spielt also eine wesentliche Rolle für die Orientierung der Beratungsunternehmen. Etliche dieser Dienstleister sehen derzeit keine Herausforderung im Kunden-Marketing, sondern in der Gewinnung geeigneter Mitarbeiterinnen und Mitarbeiter sowie dem zügigen Besetzen von Projektteams, für die die Aufträge schon konkret vorliegen, aber nicht umgesetzt werden können.

Vor diesem Hintergrund ist in der näheren Zukunft mit mindestens ein bis zwei weiteren Großfusionen zwischen Managementberatungs-Unternehmen zu rechnen, wobei hierzu auch die Managementberatungszweige der großen Wirtschaftsprüfungsgesellschaften als wichtige Marktspieler zu zählen sind. Aber nicht nur »Elefantenhochzeiten« zeichnen sich für die Zukunft ab – die Übernahme spezialisierter Beratungsunternehmen durch internationale Beratungsanbieter wird forciert fortgesetzt.

Übernahmen durch internationale Anbieter

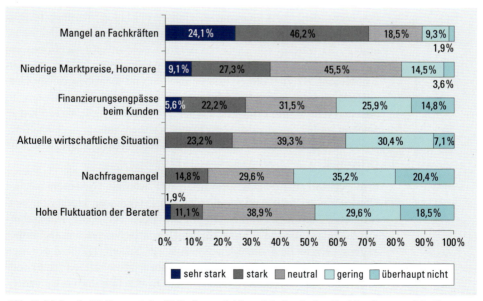

Abb. 5: Mehr als 70 Prozent der Teilnehmer fühlen sich durch den Fachkräftemangel in ihrer Entwicklung behindert. Frage: Welche Faktoren behindern die Entwicklung und den Erfolg Ihres Unternehmens zurzeit besonders (–2 = »überhaupt nicht« bis +2 = »sehr stark«)?

Quelle: Lünendonk®-Studie 2013 »Führende Managementberatungs-Unternehmen in Deutschland«, Juli 2013

Für diese Bewegungen in einem früher eher zurückhaltend fusionierenden Service-Markt gibt es neben der Personalknappheit noch weitere Gründe. Die klassischen Partnerstrukturen, bei denen die älteren Partner durch die jüngeren finanziert werden, greifen nicht mehr durchgängig. Mit dem Ausscheiden von einem oder mehreren älteren Partnern stößt die eine oder andere Beratung an die Grenzen ihrer Liquidität. In diesen Situationen ist ein Verkauf gelegentlich naheliegender als eine Umstrukturierung der Partnerschafts- und Beteiligungsmodelle, bei denen es um Besitzstände geht, die nur zögerlich aufgegeben werden. Auch gründergeführte Beratungen, bei denen der Nachwuchs aus eigenem Hause fehlt oder die keine geeigneten Nachfolger aus dem Führungsteam zur Übernahme finden können, stehen derzeit vor der Frage, wie die eigene Zukunft und der Fortbestand des Unternehmens zu gestalten sind.

Kunden erwarten internationale Verfügbarkeit der Berater

Außerdem wird das Thema Internationalisierung immer wichtiger. Selbst der deutsche Mittelstand erwartet von seinen Beratungspartnern inzwischen immer häufiger, dass sie ihm auch bei seinen Südamerika- und Asien-Geschäften kompetent zur Seite stehen. Das kann über Netzwerke oder kleine eigene Niederlassungen erfolgen, deren Aufbau jedoch mit Aufwand verbunden ist. Hier liegt nicht selten die Idee nahe, sich einer größeren Beratungsorganisation anzuschließen, die bereits international – auch mit eigenen Ressourcen – vertreten ist.

Das heißt nicht, dass kleinere, spezialisierte Managementberatungen in den kommenden Jahren verschwinden werden. Einige der heute etablierten werden von größeren Beratungsorganisationen übernommen werden; es wird also durchaus Konsolidierung geben. Aber in Anbetracht der vielfältigen ökonomischen und technologischen Herausforderungen werden sich auch wieder neue Spezialisten in Nischen bilden und erfolgreich agieren – auch das gilt als ein Kennzeichen reifer Service-Märkte. Dabei können internationale Netzwerke teilweise besser und schneller reagieren als der deutsche beziehungsweise regionale »Einzelkämpfer«.

Erfolgversprechend sind allerdings nur wenige Varianten solcher Übernahmen. Relativ problemlos ist der Erwerb von kleineren Beratungsunternehmen, wenn damit etwa neue regionale Märkte erschlossen werden oder zusätzliches thematisches oder branchenbezogenes Know-how dazugewonnen wird. Schwierigkeiten bereiten bei Übernahmen oder Fusionen im Beratungsgeschäft jedoch grundsätzlich die unterschiedlichen Kulturen in den beteiligten Unternehmen. Als Folge von daraus entstehenden Konflikten verlassen nicht selten arrivierte Führungs- und Fachkräfte das neue Unternehmen.

Praktiziert wird im Beratungsgeschäft seit einiger Zeit u. a. deshalb das in den letzten Jahren immer stärker sichtbare »Teamwandern«,

UNSERE SPITZENLEISTUNG FÜR IHRE FÜHRUNGSPOSITION

Q_PERIOR agiert an der Schnittstelle zwischen Fachbereich und IT: Als eine der führenden Business- und IT-Beratungen für Financial Services und branchenübergreifende Themen übersetzen wir erfolgreich fachspezifische Anforderungen in die Sprache der IT.

Ob aktuelle Regulierungen oder die Einführung einer optimalen IT-Lösung – vertrauen Sie auf einen umsetzungsstarken Partner mit mehr als 35 Jahren Markterfahrung!

Unsere Spitzenleistung für Ihre Führungsposition. Diesem Anspruch stellen wir uns jeden Tag mit ausgewiesener Fachexpertise und verlässlicher Lösungskompetenz.

www.q-perior.com

das heißt der Wechsel ganzer Unternehmenseinheiten von einem zu einem anderen Beratungsunternehmen. Diesen Gruppen wird dann – zumindest mittelfristig – auch im aufnehmenden Beratungsunternehmen eine gewisse Selbstständigkeit zugestanden und so die Integration erleichtert.

Starke Veränderungen in der Struktur der Top 25

Der Umsatz der 25 in Deutschland umsatzstärksten Managementberatungs-Unternehmen stieg in der Zeit von 1995 bis 2012 von 1,5 Milliarden auf 5,6 Milliarden Euro, also fast auf das Vierfache. In dieser Zeitspanne erhöhte sich der rechnerische Durchschnittsumsatz pro Unternehmen von 59 Millionen Euro auf 225 Millionen Euro.

Die Analysen der Größenstruktur der Top-25-Beratungsunternehmen, wie sie seit Mitte der 90er Jahre jährlich von der Lünendonk GmbH ermittelt werden, zeigt, dass bis 2009 die Unternehmen mit maximal 100 Millionen Euro Umsatz unter den Top 25 in der Überzahl waren, obwohl der Durchschnittsumsatz bereits seit 2001 über der 100-Millionen-Euro-Grenze liegt. Zwei bis drei sehr große Managementberatungs-Unternehmen lagen zehn Jahre lang mit jeweils über 250 Millionen Euro Umsatz an der Spitze. Erst die Aufnahme der Accenture GmbH und der IBM Global Business Services mit ihren relevanten Managementberatungsumsätzen im Jahr 2010 sowie die der Wirtschaftsberatungskonzerne KPMG, EY und PricewaterhouseCoopers mit ihren anteiligen Managementberatungsumsätzen im Jahr 2011 bewirkte, dass die Unternehmen mit über 200 Millionen Euro Umsatz das Übergewicht unter den Top 25 erzielten. 2012 generierten 17 der Top 25 jeweils Umsätze über 100 Millionen Euro, während keines der Unternehmen mit weniger als 50 Millionen Euro mehr in der Top-25-Liste vorhanden ist.

Von den Top-25-Managementberatungs-Unternehmen des Jahres 1995 sind auch 2012 noch 14 in der Top-25-Liste vertreten, wenn auch zum Teil mit geänderten Firmennamen. Sechs der 25 Unternehmen haben inzwischen ihren Geschäftsschwerpunkt geändert und wechselten dadurch in andere Branchenlisten. Zwei der Unternehmen aus der Liste von 1995 sind durch Übernahmen oder Fusionen verschwunden und drei der 25 Beratungsunternehmen sind inzwischen zu klein, um auch 2012 zu den Top 25 zu gehören.

Dr. Heinz Streicher ist Principal bei der Lünendonk GmbH. Der Diplom-Volkswirt und Dr. rer. pol. ist seit 1990 zudem selbstständiger Unternehmensberater für Marketing und Management in der Hightech- und Dienstleistungsbranche.

Mario Zillmann ist Leiter Professional Services beim Marktforschungs- und Beratungsunternehmen Lünendonk GmbH, Kaufbeuren. Das Unternehmen ist Herausgeber der als Marktbarometer geltenden Lünendonk®-Listen und -Studien.

SCHNELLER ZUM PROJEKTERFOLG

KPS Consulting ist eines der erfolgreichsten Beratungsunternehmen für Business Transformation und Prozessoptimierung. Wir parallelisieren Strategieentwicklung, Prozessdesign und Technologiefragen und implementieren mit Erfolg ganzheitliche Lösungen in der SAP Systemumgebung.

Unsere Kunden reagieren früher und flexibler auf die Herausforderungen des Marktes – sie vertrauen auf die KPS Rapid Transformation® Methode und die Kompetenz der KPS Berater.

KPS Consulting
Beta-Straße 10 H
85774 Unterföhring/München

Tel + 49 (0) 89 / 35 631-0
info@kps-consulting.com
www.kps-consulting.com

Antonio Schnieder

Industrie 4.0 und Big Data werden das Geschäft der Consultants immer stärker befeuern

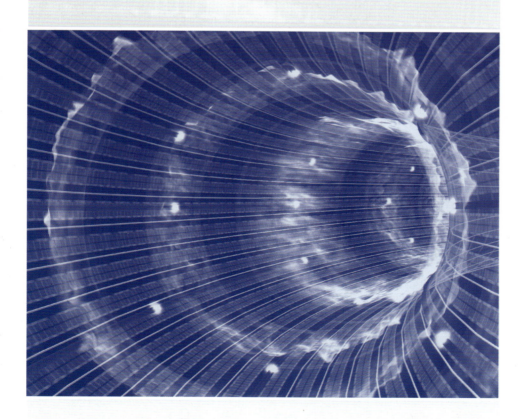

Auch 2013 hat die deutsche Wirtschaft trotz eines weiterhin schleppenden Konjunkturverlaufs in Europa und einer – durchaus politisch gewollten – Konjunkturabschwächung in China sowie in weiteren Schwellenländern eine bemerkenswert stabile Entwicklung vorzuweisen. Die Konsequenz: Im Herbst erzielte Deutschland einen neuen Rekord in der Handelsbilanz. Der starke Außenhandel sorgte dafür, dass die Exporte die Importe um 20,4 Milliarden Euro übertrafen. Parallel wurde das Wachstum in den letzten Quartalen auch von einer starken Binnennachfrage begünstigt. Das Geschäft der Consulting-Unternehmen hat sich im laufenden Jahr in diesem Umfeld eher unaufgeregt entwickelt. Dies zeigt ein Blick auf die Ergebnisse der Geschäftsklimabefragung des Bundesverbandes Deutscher Unternehmensberater (BDU) für das 3. Quartal 2013 (siehe Abb. 6). Der Indexwert von 26 veränderte sich gegenüber dem Wert des Vorquartals (26,4) nur unmerklich. Die aktuellen Indexwerte für die vier Hauptberatungssegmente sind: IT-Beratung 34,0 (2. Quartal: 37,5), Strategieberatung: 25,0 (2. Quartal: 25,4), HR-Beratung 24,0 (2. Quartal: 27,4) und Organisations- und Prozessberatung 23,0 (2. Quartal: 28,9). Leichte Unterschiede ergaben sich lediglich bei der Bewertung der aktuellen Geschäftssituation: 37 Prozent der rund 400 Befragungsteilnehmer beurteilten die aktuelle Geschäftslage als »gut« (»schlecht«: 18 Prozent). 42 Prozent bezeichneten aber auch den aktuellen Auftragsbestand als »zu klein«. Die Geschäftsaussichten für das kommende Halbjahr werden jedoch, ähnlich wie im zweiten Quartal 2013, weiterhin als positiv eingestuft. Lediglich 8 Prozent der Befragungsteilnehmer gehen von einer ungünstigeren Entwicklung aus. 41 Prozent sehen positiv in die Zukunft.

Abb. 6: Geschäftsklimaindex, September 2010 bis September 2013

Quelle: Geschäftsklimabefragung des Bundesverbandes Deutscher Unternehmensberater BDU e.V. für das 3. Quartal 2013

Industrie 4.0:
Die nächste Stufe der Industriellen Revolution

Geschwindigkeit der industriellen Veränderungen variiert stark

Die tendenziell eher guten Perspektiven für das deutsche Beratungsgeschäft teilt der BDU durchaus. Mit Riesenschritten nähert sich die deutsche Wirtschaft der nächsten Entwicklungsstufe der Industriellen Revolution und schlägt den Weg zu umfassenden Anpassungen ein. Sehr häufig wird für diese Entwicklung der Ausdruck »Industrie 4.0« verwendet. Unter dieser Bezeichnung versteht der BDU vor allem die intelligente Verknüpfung von Automatisierungs-, Produktions-, Informations- und Kommunikationstechnologien. Für Unternehmen und Organisationen bedeutet dies: Entlang der gesamten Produktentstehungs- und Wertschöpfungskette müssen Anpassungen vorgenommen werden. Industrie und Wirtschaft sind bislang in sehr unterschiedlichem Ausmaß auf diese neuen Herausforderungen vorbereitet, besonders die Geschwindigkeit der Veränderung in den Unternehmen variiert stark. Während bei den einen die vernetzte Produktion und die »Machine to Machine«-Kommunikation (M2M) bereits umfassend eingeführt worden ist, befinden sich andere noch in den Vorstufen des Industrie-4.0-Wandels. Häufig werden solche Projekte noch in Gestalt gängiger IT- oder Automatisierungsprojekte durchgeführt.

ERFOLGSFAKTOR CONSULTING

Um den ganz zu Beginn beschriebenen Vorsprung der deutschen Wirtschaft und Industrie im weltweiten Wettstreit zumindest erhalten zu können, sind aber noch viele weitere Anstrengungen notwendig. In den kommenden zehn bis fünfzehn Jahren werden daher zahlreiche Industrie-4.0-Projekte in der Unternehmensberatungsbranche auftauchen, die das Geschäft über alle klassischen Beratungssegmente – Strategie, Organisation/Prozesse, IT und Human Resources – hinweg befeuern werden. Denn zunehmend erkennen die Klienten der Unternehmensberater, dass die Potenziale der digitalen Vernetzung in vielen Fällen zu einer massiven Verbesserung der Stellung am Markt, zu mehr Produktivität oder sogar zu völlig neuen Angeboten an die Kunden führen. Daneben können kleinere Stückzahlen oder maßgeschneiderte Produkte zu Produktionskosten angeboten werden, die nahe denen für die großvolumigen »klassischen« Serienproduktionen liegen. Gleichzeitig entstehen völlig neue Möglichkeiten der Ressourcenschonung.

Sicherlich kommt den Informations- und Kommunikationstechnologien (ITK) eine zentrale Bedeutung bei der Entwicklung innovativer Industrie-4.0-Lösungen zu. Sie sind sowohl unverzichtbare Basis als auch Motor für intelligente Lösungen, zum Beispiel die sogenannten Cyber Physical Systems (CPS). Diese Netzwerke steuern drahtlose

Industrie 4.0 mit großem Beratungsbedarf

Produktionseinheiten, die sich laufend selbst optimieren und die Vernetzung eingebetteter ITK-Systeme untereinander und mit dem Internet ermöglichen. Maschinen, Lager- und kaufmännische Systeme, Werkstücke, Produkte und der Mensch sind sowohl unternehmensintern als auch firmenübergreifend vernetzt und können in Echtzeit miteinander kommunizieren. Alles in allem entsteht so ein Paradigmenwechsel im Management der Produktentstehungs- und Wertschöpfungskette.

Big Data: In weiten Teilen noch am Anfang

Neben diesen beschriebenen Entwicklungen, die sich aus den Industrie-4.0-Anforderungen ergeben, besitzt auch das Thema Big Data aus Sicht des BDU das Potenzial, die Nachfrage nach Consulting-Leistungen weiterhin hoch zu halten. Dabei steht die Wirtschaft in weiten Teilen noch am Anfang – eine Entwicklungskurve braucht immer ihre Zeit. Viele Organisationen sind noch damit beschäftigt, die Grundlagen zu schaffen, auf denen anschließend die analytischen Instrumente aufsetzen können. Zunächst muss eine vernünftige Datenbasis geschaffen werden, um Vorhersagen, Simulationen und Optimierungen durchführen zu können. Dann erst erfolgt die Festlegung, welche Daten verknüpft respektive welche Unternehmensbereiche vernetzt werden sollten. Die einzelnen Fachbereiche funktionieren in der Regel zwar bereits gut. Aber das fach- oder unternehmensübergreifende Denken ist noch nicht so weit entwickelt. Auch sind die Online- und die Offline-Welten viel zu oft noch voneinander getrennt.

Big Data und Business Intelligence sind miteinander verwoben

Und: Noch zu wenig hat sich bislang bei den Unternehmen in Wirtschaft und Industrie die Erkenntnis durchgesetzt, dass mit Big Data noch eine Sahnehaube auf das Thema Business Intelligence kommt. Beide Konzeptansätze sind miteinander verwoben. Hier wie dort reicht das Spektrum von einem tieferen und präziseren Geschäftsverständnis über verbesserte Markttrendanalysen und Kundensegmentierungen bis hin zu einer verbesserten Planung der Geschäfte. Letztendlich geht es darum, durch eine gezielte und auf die Unternehmensbedürfnisse abgestimmte Analyse der gesammelten riesigen Datenmengen optimale Erkenntnisse zu gewinnen.

Das Ziel wird je nach Branche, Unternehmensgröße etc. ein anderes sein. Im Handel oder in der Telekommunikationsindustrie zum Beispiel geht es um die Zusammenführung von Online- und Offline-Welt. Die Industrie wiederum stellt sich die Frage, wie sie Maschinendaten besser nutzen kann, um Wartungszyklen zu optimieren oder die Produktion in Summe zu verbessern. Andere Unternehmen wollen und müssen die Daten aus den sozialen Netzwerken auswerten, um frühzeitig Stimmungen und Meinungen gegenüber dem eigenen Unternehmen und dessen Angeboten zu erkennen. Am Ende eines solchen Prozesses kann auch stehen, dass durch die Nutzung geografischer Informationen mobiler Endgeräte neue Geschäftsmodelle entwickelt werden können, bei denen Kunden standortbezogene Angebote erhalten. Überhaupt besitzt Big Data ein großes Potenzial, Geschäftsmodelle zu verändern oder sogar gänzlich neu aufzusetzen. Ein guter Einstieg in das Thema kann für Unternehmen sein, dafür zeitlich, inhaltlich und rechtlich relevante Anwendungsfälle zu identifizieren, die die Investitionen in Technologie und Expertise rechtfertigen. Ein Blick auf die Erfolgsmodelle in anderen Branchen mit Relevanz für das eigene Unternehmen kann dabei wertvolle Dienste leisten.

Fazit: Auch wenn Experten heute im Consulting vielfach von einer Branche in der Reifephase sprechen und der Wettbewerb an Intensität zuletzt noch einmal stark zugenommen hat: Die enormen technologischen Fortschritte mit ihren Auswirkungen auf die Geschäftsmodelle und -prozesse von Unternehmen und Organisationen besitzen absehbar großes Potenzial, um die Nachfrage nach Beratungsleistungen hoch zu halten.

Antonio Schnieder ist seit dem 1. Januar 2007 Präsident des Bundesverbandes Deutscher Unternehmensberater e.V. (BDU). Er ist zudem seit 2011 Vorsitzender des Aufsichtsrats der Capgemini Deutschland GmbH.

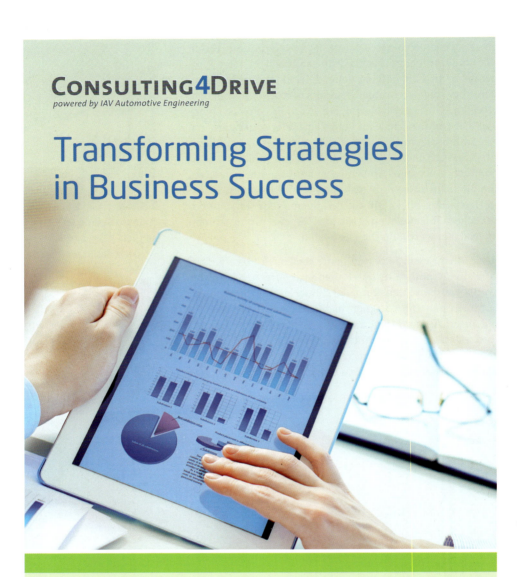

CONSULTING4DRIVE
powered by IAV Automotive Engineering

Transforming Strategies in Business Success

Consulting4Drive (C4D) berät seit 2007 seine Kunden aus den innovations- und technologieorientierten Branchen – mit Schwerpunkten in der Automobilindustrie und in der Industriegüterbranche – entlang der gesamten Wertschöpfungskette bei Fragen der Technologie ebenso wie bei der Markterschließung oder bei der Prozessoptimierung in der Entwicklung. Die Berater definieren Markt- und Technologieanforderungen, bewerten internationale Kooperationsmodelle auf Produkt- und Unternehmensebene und helfen ihren Kunden dabei, in neuen Märkten profitabel zu wachsen und ihre Organisationseffizienz zu steigern.

www.consulting4drive.com

Prof. Friedrich Bock

Der Management-Beratungsmarkt in China

Beratungsalltag in China: Nach ausführlichen Vorbereitungen unterbreiten Partner einer chinesischen Unternehmensberatung ein Angebot, verbunden mit dem (berechtigten) Preis von 600.000 US-Dollar. Nach Verhandlungen mit dem potenziellen Kunden kehrt das Team freudestrahlend zurück mit der Mitteilung, dass man den Zuschlag erhalten habe – für 300.000 US-Dollar. Auf die erstaunte Frage nach der Rentabilität des Projektes gibt es die Antwort: »100.000 US-Dollar für den Besitzer, 100.000 US-Dollar für die beiden Partner und 100.000 US-Dollar für das Beratungsteam – wo ist das Problem?«

Diese nicht erfundene Geschichte zeigt den Zustand des chinesischen Beratungssektors. Noch vor zehn Jahren belief sich die durchschnittliche Lebensdauer einer lokalen chinesischen Managementberatungsfirma auf neun Monate. Dies hat sich glücklicherweise geändert. Heute handelt es sich um einen sich höchst dynamisch entwickelnden Markt.

In China sind nach Schätzungen des Marktforschungsunternehmens IBISWorld etwa 30.000 Beratungsfirmen unterschiedlicher Größe aktiv. Diese erwirtschafteten 2012 ein Beratungsvolumen von 14,7 Milliarden US-Dollar. Dieses Marktvolumen basiert allerdings auf einer sehr weit gefassten Interpretation von Managementberatung. Neben klassischer Managementberatung und IT-Dienstleistungen enthält diese Definition auch Public Relations, Event Marketing oder Entertainment Communication.

IDC rechnet dagegen für den gesamten asiatischen/pazifischen Raum mit einem Marktvolumen in Höhe von 12,7 Milliarden US-Dollar. Davon entfallen 7,1 Milliarden US-Dollar auf Management Consulting und 5,6 Milliarden US-Dollar auf IT Consulting. Der chinesische Industrieverband CFIE (China Federation of Industrial Economics) veröffentlicht keine genauen Angaben zum Managementberatungsmarkt. Auch chinesische Beratungsunternehmen halten sich hinsichtlich ihrer Honorareinnahmen sehr bedeckt. Der chinesische Beratungsmarkt stellt sich folglich sehr intransparent dar.

ERFOLGSFAKTOR CONSULTING

Internationale Beratungen an der Spitze

Laut IBISWorld ist Accenture mit einem Marktanteil von 8,3 Prozent die führende Beratungsgesellschaft in China. An zweiter Position folgt McKinsey (7,6 Prozent) noch vor der Boston Consulting Group (6.0 Prozent). Das viertgrößte Beratungshaus in China ist ein lokaler Anbieter, die Alliance PKU Management Consultants Ltd. Deren Marktanteil liegt allerdings mit 1 Prozent bereits weit hinter den drei großen internationalen Beratungsfirmen zurück. Die internationalen Beratungshäuser beschäftigen überwiegend chinesische Berater, um den lokalen Gegebenheiten Rechnung zu tragen.

Der Autor schätzt das Marktvolumen für Managementberatung in China auf Basis ausführlicher Recherchen bei lokalen Beratungsfirmen auf rund 8 Milliarden US-Dollar. Bei etwa 30.000 Unternehmen entspricht dies einem Durchschnittsumsatz von 266.000 US-Dollar, was aber keinen Rückschluss auf die wirkliche Verteilung zulässt. Zum Vergleich: Der Durchschnittsumsatz im deutschen Beratungsmarkt liegt bei etwa 1,5 Millionen Euro.

Ähnlich wie im deutschen Beratungsmarkt herrscht auch in China eine atomistische Marktstruktur vor. An der Spitze befinden sich

Anzeige

wenige große, international aufgestellte Beratungsgesellschaften, die den Großteil des Umsatzes erwirtschaften. Die überwiegende Zahl der weiteren Beratungsunternehmen beschäftigt weniger als fünf Mitarbeiter und arbeitet am Rande der Profitabilität.

Beratung ist wichtiger Industriesektor in China

Fakt ist aber, dass sich Managementberatung zu einem wichtigen Industriesektor entwickelt hat, der sich in einer dynamischen Wachstums- und Entwicklungsphase befindet. Mittlerweile finden sich in China alle Kategorien von Beratungsfirmen, von den klassischen internationalen Strategie- und Organisationsberatungen bis hin zu den Beratungseinheiten der Big Four der Wirtschaftsprüfungs- und Steuerberatungs-Gesellschaften (siehe Abb. 7).

Historie des Beratungsmarktes in China

Deng Xiaopings politische und wirtschaftliche Öffnung ab 1979 löste eine Investitionswelle westlicher Unternehmen in China aus. In deren Geleit folgten internationale Beratungsfirmen und eröffneten sukzessive Büros.

Am Anfang taten sich die internationalen Managementberatungen mit dem Markteintritt noch schwer. Vor allem die traditionelle chinesische Zurückhaltung, Ratschläge mit geldwertem Bezug zu akzeptieren, erforderte in chinesischen Firmen noch einige Pionierarbeit. Dies hat sich mittlerweile geändert, obwohl die vergleichsweise niedrigen Tagessätze chinesischer Beratungsfirmen noch ein Residuum darstellen.

Abb. 7: Teilnehmer am chinesischen Management-Beratungsmarkt (Auswahl)

Quelle: Prof. Friedrich Bock, »Management Consulting«, China 2014

In den letzten 15 Jahren hat sich eine große Anzahl lokaler Unternehmensberatungsfirmen etabliert, die in den großen Spitzenberatungen bereits 1.000 und mehr Mitarbeiter beschäftigen und sich bei Bedarf durch den Einsatz von Freelancern verstärken. Beratungsinhalte und Methodik gleichen mittlerweile auch denen der internationalen Firmen, wobei für viele lokale Beratungen Organisationsberatung und Personalentwicklung Schwerpunkte im Leistungsspektrum bilden.

Der Beratungsmarkt strukturiert sich

Sehr aktiv hat das China Enterprise Confederation Management Advisory Committee seit den 1980er Jahren die Gründung von chinesischen Beratungsunternehmen vorangetrieben. In dieser Zeit wurden 56 lokale Advisory Committees etabliert, die unterstützende und koordinierende Hilfestellungen für chinesische Beratungsunternehmen anbieten. Die Organisation trat 2004 dem International Council of Management Consulting Institutes (ICMCI) bei und widmet sich verstärkt der Beraterqualifikation in ihren Mitgliedsunternehmen in Bezug auf Standardisierung von Qualitätskriterien und Beratungsansätzen.

Denn auch in China ist »Berater« eine freie Berufsbezeichnung, die an keinen qualifizierenden Abschluss gebunden ist. Zur Qualitätssicherung hat daher das China Enterprise Management Advisory Committee 2007 Ausbildungs- und Zertifizierungsmaßnahmen eingeführt, in denen seither nach eigenen Angaben rund 2,3 Millionen Vollzeit- und Teilzeitberater ausgebildet und zertifiziert wurden. Hinzu kommen 3.000 Seniorberater, die bestimmte Mindeststandards in puncto Berufsausbildung, Berufserfahrung und Teilnahme an Kursen mit anschließenden Prüfungen erfüllen müssen.

2,3 Millionen Berater ausgebildet und zertifiziert

Mittlerweile hat sich die Beijing Normal University (BNU) als ein Zentrum akademischer Beratungsausbildung etabliert. Dort vermittelt der Autor seit 2007 zusammen mit chinesischen und weiteren internationalen Kollegen Studierenden im Rahmen eines MBA Beratungsgrundsätze.

Wirtschaftswachstum treibt den Beratungsmarkt

Die auch in China empfundene Attraktivität des Berufsbildes führt zu vielen Neugründungen von Beratungsfirmen, die am Consulting-Boom teilhaben wollen. Etwa die Hälfte aller chinesischen Beratungsfirmen wurde seit 2003 gegründet. Der jährliche Zuwachs bei den Beratungsunternehmen liegt nach Schätzungen bei 10 bis 20 Prozent; dies deutet auf einen Markt mit enormem Potenzial hin. Viele dieser Start-ups verfügen allerdings nicht über ausreichend qualifizierte Mitarbeiter und beschäftigen nicht selten Young Professionals ohne jegliche praktische Erfahrung. Eine besonders in Asien zu beobachtende Inflation an Titeln, im Zuge deren sogar Berufseinsteiger ihre Visitenkarte bereits mit den Bezeichnungen »Partner« oder »CEO« versehen, weckt oft ungerechtfertigte Erwartungshaltungen. Enttäuschungen über fehlerhafte Analysen sowie unzureichende Lösungsoptionen und Umsetzungspläne haben seitdem viele Beratungskunden ernüchtert.

Unterschiedliche Honorarmodelle

Hohe Bereitschaft zur Kostenanpassung

Der größte Gegensatz zwischen dem chinesischen und dem europäischen/nordamerikanischen Geschäftsmodell von Beratungsfirmen ist die hohe Bereitschaft zur Kostenanpassung in China.

Während in Europa das Geschäftsmodell der Beratungen überwiegend auf Tagessätzen basiert, die von der Kostenstruktur der Beratungen abhängt und durch Verrechnung der Beratertage ermittelt wird, herrscht in China gewöhnlich das Diktat der Kunden vor. Dies wird auch oft von den Inhaberpersönlichkeiten lokaler Managementberatungen beeinflusst, die nicht selten bereit sind, Projekte mit einem deutlich geringeren Honorarniveau im Vergleich zu westlichen Beratungen zu erkaufen, was sich zum Teil auf eine geringere Vergütung der Berater zurückführen lässt.

IBISWorld zufolge generieren internationale Beratungsfirmen mit knapp 10 Prozent ihrer chinesischen Berater ungefähr 40 Prozent des lokalen Marktvolumens. Lokale Firmen dagegen benötigen für einen ähnlich hohen Umsatz nahezu drei Viertel ihres Berater-Pools. Dies deutet auf ein höheres Lohnniveau respektive eine höhere Produktivität in internationalen Beratungsfirmen hin.

Angleichung an westliche Strukturen

Persönliche Beziehungen entscheiden über Auftragsvergabe

Ein strukturierter Vertrieb ist in chinesischen Beratungsfirmen weitgehend unüblich. In der Regel teilen sich mehrere Partner ein Kundenunternehmen und akquirieren parallel – gelegentlich sogar mit einem unterschiedlichen Honorarniveau. Den Zuschlag erhält im Allgemeinen der Partner mit der besten persönlichen Beziehung zum Entscheider, ein übliches Charakteristikum einer »High Context«-Gesellschaft.

Diese Gegebenheiten sind der aktuellen Wachstumsphase geschuldet und werden sich in Zukunft vermutlich westlichen Beratungsmodellen angleichen. Einige chinesische Beratungsunternehmen haben bereits interessante Geschäftsideen entwickelt, im Zuge deren das Beratungsgeschäft in weitere Geschäftsprozesse integriert wird. So gründete etwa die Hejun Vanguard Group eine angegliederte Private-Equity-Gesellschaft, die bereit ist, vor dem Projektstart in jeden Kunden zu investieren, um so ihr Vertrauen in eine Wertsteigerung des Kundenunternehmens nach erfolgtem Projektende zu bekunden.

Eine weitere Hejun-Gesellschaft hat sich auf die Ausbildung von Managementnachwuchs spezialisiert. Solche Aufträge werden als unterstützendes Zusatzgeschäft in den Kundenunternehmen akquiriert.

Die zurzeit größte und bekannteste chinesische Beratungsgesellschaft ist Alliance PKU, ein ehemaliger Ableger der Peking University. Diese kann sich bezüglich der Vielfalt ihres Beratungsangebots mit den internationalen Konkurrenten messen und legt sehr viel Wert auf ihre Ausbildungsprogramme. Viele chinesische Beratungsfirmen haben einen »Quality Circle« bestimmt, der weder Kommunikation noch Entwicklung von Beratungsinhalten ohne Partnerkontrolle erlaubt.

Prof. Friedrich Bock ist im Rahmen von MBAs seit 2007 Gastprofessor an verschiedenen asiatischen Universitäten. Im Frühjahr 2014 erscheint sein Buch »Management Consulting« auf Chinesisch und Englisch.

China braucht international erprobte Beratungsansätze

China steht in den nächsten 20 Jahren vor enormen Herausforderungen. Zum geplanten kontinuierlichen Wachstum der Volkswirtschaft und der damit einhergehenden Komplexität kommt die Bewältigung enormer struktureller und sozioökonomischer Veränderungen in der Gesellschaft hinzu.

Die Bandbreite an strategischen Veränderungen ist groß und der Bedarf durch externe Beratung grundsätzlich ebenfalls: Die Reorganisation von Staatsunternehmen und die Neuregelung des Finanzsektors stehen auf der Prioritätenliste der Regierung. Diese Herausforderungen werden ohne international erprobte Beratungsansätze nicht umzusetzen sein. Ebenso sind die Entwicklung des Dienstleistungssektors und die Etablierung einer Sozialstruktur für die gesamte Bevölkerung gigantische Aufgaben, deren Bewältigung ohne intensive Beratung kaum möglich sein wird.

Im Laufe dieses Prozesses wird auch der letzte Vorbehalt gegenüber immateriellen, zu bezahlenden Dienstleistungen wie Managementberatung fallen. Und seit 100 Jahren bewährte internationale Managementregeln für Beratungsfirmen werden auch in China Einzug halten.

INVERTO

Einkauf und Supply Chain Management.

Wir entwickeln wirksame Strategien und setzen sie konsequent um. Mit breiter Expertise, kompromissloser Ergebnisorientierung und eigener Software.

INVERTO ist eine international tätige Unternehmensberatung, die sich konsequent auf Einkauf und Supply Chain Management spezialisiert hat. Mit 120 Mitarbeitern in neun Niederlassungen weltweit zählen wir zu den führenden auf Einkauf und Supply Chain Management spezialisierten Unternehmensberatungen in Europa.

Zu INVERTOs Kunden zählen marktführende Mittelständler, Konzerne aus Industrie und Handel sowie die weltweit größten Private-Equity-Unternehmen.

www.inverto.com

Dr. Carsten Rennekamp

Veränderungen
in der
Zusammenarbeit
von Einkauf,
Bedarfsträgern und
Managementberatungen

Der Beratungsmarkt zählt zu den stetig wachsenden Business-to-Business-Dienstleistungsmärkten. Laut Analysen von Lünendonk steigt das Volumen des Marktes für Strategie- und Managementberatung jährlich um etwa 5 Prozent.

Großunternehmen sind besonders attraktive Kunden

Allerdings entwickelt sich die Nachfrage nach Beratungsleistungen je nach Größenklasse der Kundenunternehmen unterschiedlich. So sind die Ausgaben für Beratungsdienstleistungen für Bayer sowie anderer Großunternehmen in unseren Kernregionen Deutschland und USA in den letzten Jahren eher konstant geblieben. Dennoch sind und bleiben Großunternehmen und Konzerne ein attraktives Segment für alle Beratungsunternehmen:

- Durch die Größe des Kundenunternehmens und die Anzahl parallel laufender Projekte ergibt sich insgesamt ein kontinuierlicher Beratungsbedarf, der Folgeaufträge und eine bessere Kapazitätsplanung auf Beraterseite erlaubt.
- Die Projekte sind durch die Komplexität der Unternehmen zahlreicher, umfangreicher und ebenfalls komplexer, das Verhältnis von Vertriebsaufwand und Umsatz ist für den Berater durch das Bestandskundengeschäft vorteilhafter.
- Die Projekte werden auf Kundenseite überwiegend so budgetiert, dass bei gegebenem Budget die Qualität vor dem Preis kommt. Ferner sind die spezifischen Margen pro Beratungsprojekt höher.
- Die in Großunternehmen oft stärker ausgeprägte Kultur der Risikominimierung führt zu einer eher langfristig ausgerichteten Geschäftsbeziehung zwischen Berater und Auftraggeber.

Als Folge dieser Entwicklungen verstärkt sich kontinuierlich der Wettbewerbsdruck auf der Anbieterseite. So möchte einerseits eine zunehmende und immer unübersichtlicher werdende Gruppe der Spezialisten unter den Beratungsunternehmen auch für Großunternehmen arbeiten, während andererseits die großen internationalen Beratungshäuser ihr Serviceangebot erweitern. Gleichzeitig investieren die internationalen Wirtschaftsprüfungs- und Steuerberatungskonzerne massiv in den Ausbau ihrer Consulting-Aktivitäten – wie die Übernahme von Booz & Co durch PwC untermauert.

Auswahl beim Einkauf von Beratungsleistungen

Bereits heute ist die Risikominimierung und die dafür zugrunde liegende Qualitätssicherung von Projekten eine große Herausforderung für die Kunden. Diese Problematik führt zukünftig zu Veränderungen im Beratereinkauf:

- Für Fachthemen gibt es möglicherweise einen Experten, der Fragestellungen spezifischer, schneller und präziser beantworten kann, als dies in einem klassischen Beratungsprojekt mit einem 4- bis 6-köpfigen Beraterteam möglich ist.

- Enge Geschäftsbeziehungen zwischen Kunden und Managementberatung werden infolge der fortschreitenden Marktkonsolidierung häufiger neu geregelt werden müssen; insbesondere, wenn sich durch Unternehmenszusammenschlüsse die Größenverhältnisse verschieben.

- Die Überschneidungen zwischen Beratungsdienstleistungen und anderen Dienstleistungen wie Coaching, Training und Interimsmanagement wachsen und damit die Unsicherheiten hinsichtlich der Auswahl und Neutralität des Beraters.

Gleichzeitig ist es für den einzelnen Bedarfsträger aus Kapazitätsgründen ausgeschlossen, mehr Zeit in das Screening und die Evaluierung von Beratern für Projekte zu investieren, sodass die Notwendigkeit, diese Lücke zu füllen, die Rolle des Einkaufs in der Zusammenarbeit mit dem Bedarfsträger und dem Berater in den nächsten Jahren verändern wird.

Rolle des Einkaufs verändert sich

Die Rolle des Einkaufs beschränkte sich in der Vergangenheit darauf, den Vergabeprozess zu begleiten, also dem Bedarfsträger Informationen über vergangene Projekte und Berater sowie Werkzeuge zum strukturierten Angebotsvergleich zur Verfügung zu stellen, den Ausschreibungsprozess sowie interne Genehmigungsprozesse zu administrieren und Rahmen- sowie Projektvertragsverhandlungen zu führen, also eine insgesamt eher kommerzielle Unterstützung.

Dem steht gegenüber, dass der Vertrieb von Beratungsdienstleistungen überwiegend über eine gezielte Ansprache der jeweiligen Funktionsverantwortlichen erfolgt, welche die Einkaufsentscheidung sowie die Beratervorauswahl für ihre Bereiche treffen.

Die Vorauswahl des Beraters erfolgt dabei überwiegend nach objektiven Kriterien wie:

- Industrie- und Funktionserfahrung
- Einblicke und Informationen in das eigene Unternehmen
- Analysefähigkeiten und Kreativität
- Budgetverfügbarkeit vs. Preisgestaltung und Geschäftsmodell des Beraters

Neben diesen faktenbasierten Kriterien spielen vermeintlich »weichere Faktoren« wie kultureller Fit des Beraters, der »Brand« des Beraters und die persönliche Beziehung im Unternehmen zu einem spezifischen Berater eine entscheidende Rolle. Alle Kriterien sind letztlich Ausdruck des Bedarfsträgers nach Risikominimierung bei der eingekauften Leistung.

Einkaufsrichtlinien bei Vergaben von Beratungsmandaten

Im Ergebnis führte dies zur Konzentration der Beratungsleistungen auf wenige Anbieter und auf eine hohe Quote der Vergabe von Projekten ohne Ausschreibungen oder zu Ausschreibungen, bei denen es bereits einen bevorzugten Berater gab. Dies steht allerdings oft im Konflikt zu Einkaufsrichtlinien und führt nicht notwendigerweise zur Vergabe nach dem Prinzip »best fit«, also an den Berater, der ein Problem am innovativsten und effizientesten lösen kann.

Der Einkauf entwickelt sich zur proaktiven Schnittstelle

In die Zukunft blickend, wird es keine großen Umwälzungen im Einkauf von Strategie- und Managementberatung geben. Die bisherigen Partnerschaftsmodelle und die Art und Weise der kommerziellen Vertragsgestaltung werden nahezu unverändert bleiben. Verändern wird sich dagegen die Rolle der Einkaufsfunktion in großen Unternehmen.

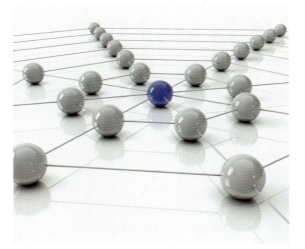

Der Einkauf entwickelt sich dabei mehr und mehr zu einer proaktiven Schnittstelle zwischen Beratungsunternehmen und Bedarfsträger. Diese Rolle kann er allerdings nur dann einnehmen, wenn er die Projekt-Pipeline und die Projekte »end to end«, also von der Idee über die Vergabe bis zur Abwicklung, betreut und gleichzeitig immer zielgerichteter ein komplexeres Portfolio von Beratungen steuert.

Zugegeben:
manchmal stellen wir alles auf den Kopf

Seit 1993 unterstützen wir unsere Klienten mit individuellen Lösungen bei der Verbesserung ihrer Ertragskraft. Vom Konzept bis zur Umsetzung lassen wir uns gern an den Ergebnissen messen.

www.theron.de

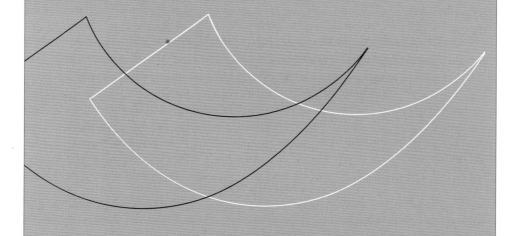

THERON
ADVISORY GROUP

BERLIN · FRANKFURT · HAMBURG · KÖLN · WARSCHAU · ZÜRICH

Dr. Carsten Rennekamp
leitet die globale Einkaufsfunktion Professional Services bei Bayer HealthCare. Als »Lead Buyer« für den Bayer Konzern beschaffen sein Team und er ein Portfolio an Dienstleistungen inklusive Managementberatungsleistungen.

Die größte Veränderung für das »Dreieck Berater, Bedarfsträger und Einkauf« ergibt sich dabei in der Arbeit in gemeinsamen Panels. In enger Abstimmung mit den jeweiligen Funktionsträgern im Unternehmen koordiniert der Einkauf für ausgewählte Themenbereiche fachliche Panels und lädt dazu ausgewählte Berater ein.

Auf dieser Basis wird für Funktionsträger im Unternehmen, aber auch für Beratungsunternehmen mehr Transparenz über die Projekt-Pipeline generiert und so durch bessere Planungssicherheit eine »Win-win-win«-Situation für alle geschaffen. Damit lässt sich nicht nur der Beratungsbedarf frühzeitiger planen, passende Berater können auch gemeinsam bereits vor der Entscheidung für ein konkretes Projekt identifiziert oder ausgeschlossen werden. Der »Haus-und-Hof-Berater« wird dabei abgelöst durch eine Gruppe infrage kommender Berater für einzelne Geschäfts- und Funktionsbereiche wie Supply Chain, Human Resources oder Vertrieb.

Dieser Weg führt in den Kundenunternehmen zu einem gemeinsamen Verständnis der Bedeutung einzelner Projekte und zur Optimierung des Aufwands für die Auswahl und Steuerung von Beratern. Ferner lassen sich auch rechtzeitig alternative Beratungsmodelle in Betracht ziehen: Nischenanbieter oder gemischte Teams aus internen Projektmanagern und externen Expertennetzwerken.

Der Mehraufwand für den Berater und den Bedarfsträger wird dabei durch Effizienzgewinne an anderer Stelle mehr als wettgemacht:

- zielgerichtete Auswahl des Beraters bei einer Ausschreibung,
- geringerer Aufwand für das Briefing des Beraters (der die Situation bereits kennt),
- weniger 1:1-Meetings für Berater und Bedarfsträger,
- Verbesserung des Win-Loss-Verhältnisses für Beratungsunternehmen und dadurch weniger verlorene Angebote.

Qualität und Projekterfolg sichern

Ist in der Folge der Angebotsprozess abgeschlossen, gilt es, die Qualität der abgelieferten Leistung und den Erfolg des Projekts sicherzustellen. Auch heute besitzen die meisten größeren Unternehmen bereits Datenbanken mit Projekt-Feedbacks.

Heute betreut der Einkauf diesen Prozess überwiegend noch nicht end to end: Nachdem ein Projekt in der Datenbank angelegt wurde, erfolgt am Ende eines Projekts eine – oft automatisierte – Nachfrage beim Projektleiter. Dies ist erfahrungsgemäß zu spät, um bei Problemen im Projektverlauf gegenzusteuern, und bietet oft nur eine einseitige Perspektive.

In den nächsten Jahren wird der Einkauf auch für die Qualitätssicherung eine zentrale Koordinationsfunktion einnehmen: Der Feedback-Prozess wird zu einem übergreifenden 360-Grad-Prozess weiterentwickelt und durchläuft den gesamte Projektzeitraum – von der genauen gemeinsamen Zieldefinition am Anfang des Projekts über die Projektdurchführung bis zum Projektende und, wenn nötig, sogar darüber hinaus. In diesen Prozess werden zunehmend alle betroffenen Interessensnehmer – Berater, Projektteam, Projektleiter, Lenkungsausschuss und andere indirekt Betroffene in der Organisation – eingebunden. Für die interne Bewertung von Mitarbeitern sind diese Prozesse heute bereits bei vielen Firmen fest etabliert und die zugrunde liegenden Mechanismen sind gut für das »People Business« Beratung anwendbar.

360-Grad-Feedback über das gesamte Projekt

In der Summe entwickelt sich der Einkauf also über seine kommerzielle Rolle hinaus weiter als Partner für die Beratungshäuser sowie den Bedarfsträger und trägt proaktiver dazu bei, den »richtigen Dienstleister« für den Bedarfsträger zu identifizieren, unnötigen Mehraufwand auf der Seite des Beraters und des Bedarfsträgers zu vermeiden und – ebenfalls für beide Seiten wichtig – die Qualitätssicherung der gelieferten Dienstleistung zu verbessern.

Dr. Hans-Peter Canibol
und Alexandra Rehn

Web-Kommunikation
der Beratungsunternehmen – **Lufthoheit** verschafft Wettbewerbsvorteile

Twitter und Facebook als Studienfach: Seit April 2013 kann man an der Hochschule Anhalt Theorie und Praxis der Online-Kommunikation, des Online-Marketings und Online-Managements studieren und mit einem Master abschließen. Die Zeichen könnten deutlicher nicht sein, dass die Web-Kommunikation mit ihren vielfältigen Plattformen und Instrumenten in der Mitte der Gesellschaft angekommen ist. Laut einer Studie des IT-Branchenverbands Bitkom sind mehr als drei Viertel der Internetnutzer in Deutschland in sozialen Netzwerken angemeldet, zwei Drittel nutzen diese aktiv.[1]

Im Grunde ist die Online-Kommunikation ein ständiger Kampf um Aufmerksamkeit. Verschärft wird er in dem Maße, in dem sich aus der zunehmenden Bedeutung sozialer Netzwerke ein Paradigmenwechsel in der Kommunikation ergibt – weg von absenderbezogenen, eindirektionalen Botschaften hin zu einer Beteiligungskommunikation, in der Informationen, Erfahrungen und Wahrnehmungen angeboten, diskutiert und bewertet werden.

Gratwanderung zwischen Gewohnheit und Mode

Auch im Consulting geht nichts mehr ohne Web 2.0, wie eine Umfrage unter den führenden Beratern in Deutschland ergeben hat. Dabei verfolgt jedes Unternehmen seine eigene Strategie. Als Gratwanderung beschreibt Thomas Pleil, Professor für Public Relations an der Hochschule Darmstadt, die strategische Kommunikation in einem Umfeld, das sich permanent weiterentwickelt: »Gerade Consulting-Unternehmen dürfen nicht den Eindruck erwecken, stehen geblieben zu sein, andererseits können sie es sich nicht leisten, jeder Mode hinterherzurennen.«[2]

Entscheidend, so Pleil, sind erstens die Kommunikationsziele und zweitens die Bezugsgruppen, mit denen über das Internet kommuniziert werden soll. Welche Stakeholder dabei relevant sind, darüber herrscht in der Consulting-Branche weitgehend Einigkeit. Sämtliche

---

1 Bitkom-Studie »Soziale Netzwerke«, 2013.
2 Alle Zitate stammen aus Interviews, die von den Autoren für diesen Beitrag geführt wurden.

Die Managementberatung für zukunftsorientierte Unternehmensgestaltung.

Gemeinsam mit unseren Kunden schaffen wir innovative Prozesse und Geschäftsmodelle – von der Konzeption bis zur Umsetzung.

www.unity.de

Abb. 8: Zielgruppen der externen Kommunikation über das Internet
Quelle: Umfrage Alexandra Rehn unter Management-Beratungsunternehmen, November 2013

an der Umfrage beteiligten Unternehmen nannten mögliche Neukunden als Zielgruppe. Fast alle sprechen darüber hinaus online ihre Kunden, potenzielle Mitarbeiter sowie Journalisten an. Als weniger wichtig erachtet wird die Kommunikation mit Multiplikatoren in Politik und Gesellschaft oder mit Vertretern aus Wissenschaft und Forschung (siehe Abb. 8).[3]

Während bei Konsumgütern die konkrete Steigerung des Umsatzes an erster Stelle der Kommunikationsanstrengungen steht, sind die Ziele von B2B-Dienstleistern weniger klar umrissen. Der Geschäftsführer der Hamburger Agentur Faktenkontor, Jörg Forthmann, sieht die größte Chance der strategischen Online-Kommunikation darin, dass Unternehmensberater den direkten Austausch mit Entscheidern auf Kundenseite aufbauen und Kompetenz demonstrieren können. Im Kern gehe es darum, online die Lufthoheit über seine erfolgskritischen Themen zu erringen. »Wer das zuerst begreift und sich die Pole Position sichert, erringt frühzeitig Wettbewerbsvorteile.«

Tatsächlich erachten gut drei Viertel der befragten Beratungsunternehmen das Reputationsmanagement als sehr wichtig oder wichtig. Umgekehrt ist es für jeden vierten Consulter kaum oder überhaupt nicht relevant, sich via Internet als Experte zu Fachthemen zu etablieren (siehe Abb. 9, Seite 61). Dabei erlaubt es die Online-Kommunikation, im Web Kompetenz-Plattformen aufzubauen, wie beispielsweise Themenblogs oder Expertenbeiträge auf Xing.

Employer Branding und Markenimage als Ziel

Wichtigste Ziele der Online-Unternehmenskommunikation im Consulting sind der Umfrage zufolge die Personalsuche beziehungsweise das Employer Branding sowie der Aufbau und die Pflege eines positiven Markenimages. Diese Prioritäten decken sich mit dem Zielgruppen-Ranking, wonach sich die Kommunikationsanstrengungen im

---

3 An der Umfrage beteiligten sich 41 der in diesem Handbuch vorgestellten Beratungsunternehmen. Die Antworten beziehen sich auf den Stand von Ende November 2013.

Abb. 9: Ziele der externen Online-Kommunikation
Quelle: Umfrage Alexandra Rehn unter Management-Beratungsunternehmen, November 2013

Internet im Wesentlichen auf diejenigen konzentrieren, die am Unternehmen als Dienstleister oder als Arbeitgeber interessiert sind.

Eines der Unternehmen, die Social Media vor allem für die Arbeitgeberkommunikation nutzen, ist Accenture. Die Facebook-Seite »Karriere bei Accenture« hat fast 30.000 Follower, bei Xing verzeichnet das Unternehmensprofil 15.000 Abonnenten. Interessenten mit einem Xing-Profil können sich via »Bewerber-Button« direkt vernetzen und bewerben. Zwar seien mobile Kommunikationsmittel in der Personalbeschaffung für Accenture »noch kein Massenmedium«, sagt Simone Wamsteker, verantwortlich für das Recruiting im deutschsprachigen Raum, »aber für unsere technikaffine Zielgruppe ist das der Kanal der Zukunft.«

Der viel beschworene offene Austausch im Internet mit den Nutzern im Allgemeinen und den Stakeholdern im Besonderen spielt für die Berater-Branche derzeit offenbar eine untergeordnete Rolle. Nicht einmal die Hälfte der Umfrageteilnehmer erachtet Dialog, Interaktion und Partizipation als wichtige Ziele der Online-Kommunikation. Das Interaktionspotenzial von Internet-Plattformen führt also, wie es Dietrich Boelter und Hans Hütt im »Handbuch Online-PR« ausdrücken, nicht automatisch zu einem Wandel von Beziehungs- und Machtstrukturen, sondern wird oft nur als neuer Kanal für etablierte Kommunikationsziele eingesetzt.[4]

Interaktionspotenzial wird noch nicht genutzt

---

[4] Dietrich Boelter/Hans Hütt, »Dialogkommunikation und Partizipation: Wandel einer kommunikativen Praxis«, in: Ansgar Zerfaß/Thomas Pleil (Hrsg.): »Handbuch Online-PR«, Konstanz 2012, S. 395.

Dennoch hat das Web 2.0 die Unternehmenskommunikation verändert. Online-Communities dienen der Beziehungspflege oder der Marktforschung und können einen Beitrag zur Kundenbindung leisten. In jedem Fall sind sie ein virtueller Ort, an dem sich Unternehmen mit ihren Stakeholdern vernetzen können. Zu den wichtigsten Plattformen gehören Business-Netzwerke: Nur zwei der Umfrageteilnehmer haben weder auf Xing noch auf LinkedIn ein eigenes Profil.

Der Darmstädter PR-Professor Pleil lehnt es ab, bestimmte Social-Media-Kanäle als Voraussetzung für Kommunikationserfolg zu postulieren. Je nach Kommunikationssituation könne für das eine Unternehmen Xing eine wichtige Rolle spielen, für das andere ein Corporate Weblog und wieder für andere YouTube oder Facebook.

Ein Pionier auf dem Gebiet der Business-Netzwerke war McKinsey. Bereits im Jahr 2000, so Kai Peter Rath, Director of Communications, also drei bis vier Jahre, bevor sich Plattformen wie Facebook, Open BC (heute: Xing) oder LinkedIn in der Netzwelt etablierten, gründete das Beratungsunternehmen zusammen mit der Deutschen Telekom und der Holtzbrinck Publishing Group das Stipendium- und Karrierenetzwerk www.e-fellows.net. Es ist heute Kommunikationsplattform für mehr als 30.000 Stipendiaten und Alumni.[5]

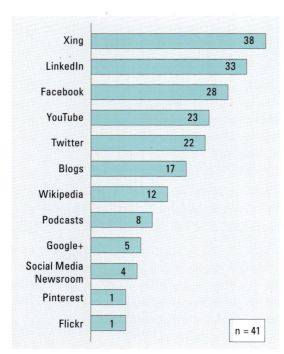

Abb. 10: Aktive Nutzung der Kommunikationskanäle im Social Web

Quelle: Umfrage Alexandra Rehn unter Management-Beratungsunternehmen, November 2013

Die Tatsache, dass Facebook insgesamt das mit Abstand am häufigsten genutzte Netzwerk in Deutschland ist, hat sich auch bei den Verantwortlichen in der Unternehmenskommunikation herumgesprochen: Gut zwei Drittel der befragten Consulting-Firmen sind auf Facebook vertreten – es ist damit nach Xing und LinkedIn die drittwichtigste Online-Plattform. YouTube und Twitter folgen in der Umfrage auf den Plätzen vier und fünf (siehe Abb. 10).

Blogs spielen in der strategischen Kommunikation von Unternehmensberatern noch eine untergeordnete Rolle. Nur zwei Fünftel der Umfrageteilnehmer bedienen sich dieses Instruments. Dabei bieten sie im Vergleich zur klassi-

5 www.e-fellows.net

schen Website ein größeres Potenzial für Information, Imagebildung und Beziehungspflege. Wer sich hier zurückhalte, vergebe gerade in der Kommunikation mit Journalisten Chancen, meint Claudia Tödtmann, Redakteurin bei der *WirtschaftsWoche* im Ressort »Management & Erfolg«. Die Bloggerin (»Tödtmanns Management«) sieht großen Nachholbedarf, nicht zuletzt auch beim »richtigen« Bloggen. Die meisten Beiträge von Unternehmen seien zu eindeutig von PR-Interessen bestimmt. So könne man mit Bloggen keine Leser gewinnen.

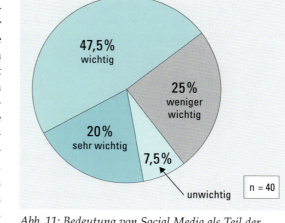

Abb. 11: Bedeutung von Social Media als Teil der B2B-Kommunikation in der Managementberatung

Quelle: Umfrage Alexandra Rehn unter Management-Beratungsunternehmen, November 2013

Bemerkenswert ist, dass immerhin knapp ein Drittel der befragten Beratungsunternehmen angibt, Wikipedia aktiv für die externe Kommunikation zu nutzen. Diese Form der Öffentlichkeitsarbeit wird in der Wikipedia-Community durchaus kritisch gesehen – immer wieder diskutiert man darüber, inwieweit Benutzer mit kommerziellem Hintergrund an der Online-Enzyklopädie mitarbeiten dürfen. Nach Angaben von Wikipedia gab es Ende 2013 etwa 1.700 verifizierte Benutzerkonten von Unternehmen und Organisationen.[6]

Online-Kommunikation hat viele Facetten. Pleil rät daher zu einer »intelligenten Verknüpfung« unterschiedlicher Kanäle: »Beispielsweise kann es sein, dass sich ein B2B-Unternehmen für ein Fachblog entscheidet. Um Aufmerksamkeit für die einzelnen Beiträge zu gewinnen, sollte es heute – mehr als noch vor drei, vier Jahren – überlegen, inwieweit dies durch andere Kanäle unterstützt werden kann.«

»Die zentrale Frage für Beratungsunternehmen ist, wie man Wissen kommuniziert und Themenkompetenz zeigt«, erklärt Birgit Eckmüller, Leiterin Corporate Communications von Steria Mummert Consulting. So könne man etwa Studien nutzen, um »Ankerpunkte für verschiedene Kommunikationskanäle« zu schaffen. »Wir sprechen mit unterschiedlichen Aspekten einer Studie immer wieder unterschiedliche Medien und deren Nutzer an.« Dabei bediene man auch die sozialen Netzwerke, etwa mit einem Twitter-Account oder über die Moderation von Xing-Communities.

Wissen kommunizieren, Kompetenz zeigen

---

6 http://de.wikipedia.org/wiki/Wikipedia:Meinungsbilder/Umgang_mit_bezahltem_Schreiben

Das Web 2.0 ist aus der strategischen Unternehmenskommunikation nicht mehr wegzudenken, wie die Beurteilung der Branche zeigt: Zwei Drittel der Befragten stufen Social Media im Rahmen der B2B-Kommunikation im Consulting-Bereich als wichtig oder sehr wichtig ein. Nur drei der 41 teilnehmenden Unternehmen halten sie für unwichtig (siehe Abb. 11, Seite 63).

Trotz des fortschreitenden Trends hin zur Öffentlichkeitsarbeit im Internet halten Consulting-Firmen an den traditionellen Instrumenten der Unternehmenskommunikation fest. Dazu gehören die Pressearbeit mit Experten-Interviews, Gastbeiträgen in Fachmedien oder Pressekonferenzen, das Eventmarketing in Form von Kongressen und anderen Veranstaltungen sowie Karriere- und Fachmessen.

Immerhin 22 Prozent der Umfrageteilnehmer erklärten, die klassischen Kommunikationskanäle seien im Hinblick auf ihre Ziele und Zielgruppen nach wie vor wichtiger als das Internet. Gut zwei Drittel erachten beides als gleichwertig. Und nur für 10 Prozent hat die Online-Kommunikation einen höheren Stellenwert. Viele weisen allerdings darauf hin, dass die Wahl des bevorzugten Kanals stark von der jeweiligen Zielgruppe abhängt (siehe Abb. 12).

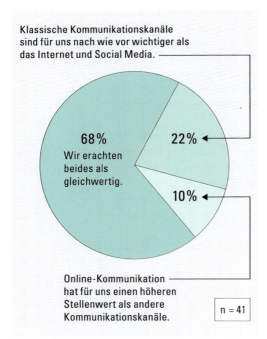

Abb. 12: Stellenwert der Online-Kommunikation im Vergleich zu klassischen Kanälen der Unternehmenskommunikation

Quelle: Umfrage Alexandra Rehn unter Management-Beratungsunternehmen, November 2013

Frank Braun, PR- und Marketing-Direktor bei goetzpartners, beobachtet, dass Social Media derzeit in den Kommunikationsstrategien von Beratern kaum eine Rolle spielen. »Ein bisschen Facebook fürs Recruiting und ein wenig Twitter für das Absenden von Presseinformationen, das war's.« Ein Fehler, wie er glaubt: »Berater, die es nicht schaffen, mit ihren Zielgruppen auch über das Web zu kommunizieren, werden es in Zukunft schwer haben.«

Die demografische Entwicklung tut ein Übriges. »Auch wenn unsere Kunden heute eher noch klassisch denken«, beschreibt Eckmüller die Strategie, »muss man seine Kommunikation jetzt schon strategisch darauf ausrichten, dass unsere Ansprechpartner in wenigen Jahren Digital Natives sind, also Manager, die mit ganz anderen Kommunikationsformen groß geworden sind.«

Pleil plädiert für ein »sinnvolles Wechselspiel zwischen unterschiedlichsten

Maßnahmen offline und online«. Zugleich verweist er auf die »exklusiven Möglichkeiten« der Online-Kommunikation: Auffindbarkeit, Verfügbarkeit von Informationen zu jeder Zeit und von jedem Ort aus, Interaktivität und Dialog. Online-Kommunikation müsse stets angemessen sein – in Bezug auf die Situation des Unternehmens, seine Ziele und Zielgruppen sowie die eigene Marke. »Wenn ein Unternehmen aus einer konservativen Branche versucht, mit einem Hip-Hop-Video Nachwuchs zu gewinnen, wirkt das im besseren Fall unglaubwürdig, im schlechten schlicht anbiedernd und absurd.«

Dr. Hans-Peter Canibol ist seit 2005 selbstständiger Journalist und Publizist. Zuvor war er bei *DMEuro*, *Focus*, *Impulse*, *Telebörse* und *WirtschaftsWoche* als Redakteur und Reporter tätig.

Alexandra Rehn ist Journalistin und Journalismus-Dozentin. Sie lehrt unter anderem an der Fachhochschule Mainz im Studiengang Medien, IT und Management sowie an der Johannes Gutenberg-Universität Mainz.

Online-PR ist laut Pleil nur dann zielführend, wenn es sich für die Kommunikationspartner lohnt, sich auf die Kommunikation einzulassen. »Wir alle leiden an einem Zuviel an Informationen, also muss ein Consulting-Unternehmen in der Lage sein, durch Online-PR die Bedürfnisse seiner Zielgruppen zu erfüllen.« Dabei gehe es typischerweise um nützliche Informationen, aber auch Aspekte wie Unterhaltung und Selbstvergewisserung seien »nicht zu unterschätzen«.

Wie erfolgreich die Online-Kommunikation ist, lässt sich messen. Fast drei Viertel der Umfrageteilnehmer tun das auch. Dabei konzentrieren sich die meisten allerdings nach eigenen Angaben auf quantitative Betrachtungen wie Seitenabrufe, Verweildauer oder die Anzahl an Fans und Followers. Derartige Kennzahlen könnten eine Orientierung geben, sagt Pleil, seien aber in ihrer Aussagekraft beschränkt: »Die Zahl der Fans einer Facebook-Seite sagt nichts darüber aus, ob die relevante Zielgruppe erreicht wurde.« Pleil rät daher zu einer qualitativen Analyse. Zwar sei der Aufwand dafür deutlich größer, aber es könne viel mehr Wissen daraus gezogen werden.

Literaturtipp
Ansgar Zerfaß, Thomas Pleil (Hrsg.):
Handbuch Online-PR. Strategische Kommunikation in Internet und Social Web,
UVK, Konstanz 2012

Nicolai Haase

Sesam, öffne dich!

Die wichtigste Ressource für die Consulting-Branche ist und bleibt der hervorragend ausgebildete Nachwuchs. Doch der wird auch von anderen Branchen sehnlichst erwartet und dementsprechend umworben. Wie kann die Consulting-Branche es schaffen, weiterhin als attraktiv wahrgenommen zu werden? Wie gelingt es, den Top-Nachwuchs für die Beratung zu gewinnen? Durch Offenheit und Transparenz! Das ist viel verlangt von einem eher verschwiegenen Wirtschaftszweig – aber nötig!

Pro Jahr sind etwa 90.000 Consultants in der Branche tätig, davon rund 25.000 Junior Consultants. Das hat der Bundesverband der Unternehmensberater für den Gesamtberatungsmarkt errechnet. Etwa zwei Drittel werden im Management Consulting beschäftigt.

Dass in der Unternehmensberatung sehr kluge Köpfe arbeiten, die für ihre Arbeit sehr gut bezahlt werden, das war schon vor zwanzig Jahren bekannt. Wie aber hat sich das Berufsbild des Beraters in den letzten Jahren aus der Sicht von Hochschulabsolventen gewandelt? Als Verleger von Zeitschriften wie *junior//consultant, high potential, HI:TECH CAMPUS* und anderen Publikationen habe ich einerseits sehr viel mit Studierenden und Absolventen zu tun, andererseits kenne ich auch zahlreiche Personaler in verschiedenen Unternehmen. Dazu gehören sowohl Personalvorstände und -verantwortliche in der Industrie und Wirtschaft als auch die Recruiter und mit Personalfragen beauftragten Partner der Unternehmensberatungen.

Branche muss um die besten Köpfe werben

Stelle ich die Erfahrungen aus Gesprächen mit allen Beteiligten zusammen, dann ergibt sich ungefähr folgendes Bild für das Management Consulting aus Recruiting-Sicht:

- Management Consulting übt immer noch eine hohe Anziehungskraft auf Bewerber aus.
- Industrie und klassische Wirtschaftsunternehmen werden immer stärkere Konkurrenten im Kampf um die besten Talente.
- Das Inhouse Consulting wird gerade von Frauen als sehr attraktive Einstiegsmöglichkeit in die Beratungsbranche angesehen.

ad 1: Das Management Consulting bietet zwar immer noch einen attraktiven Berufseinstieg für viele Absolventen, allerdings haben sich die Rahmenbedingungen etwas verändert. Ein ganz entscheidender Punkt ist folgender: Vor 15 Jahren noch konnte die Managementberatung davon ausgehen, die höchsten Einstiegsgehälter zu zahlen. Das ist in manchen Fällen auch heute noch so, aber hier haben die anderen Wirtschaftsunternehmen deutlich aufgeholt. Außerdem nimmt heute das Thema Work-Life-Balance einen viel höheren Stellenwert für den Nachwuchs ein.

Work-Life-Balance hat hohen Stellenwert

ad 2: Die Industrie und der Dienstleistungssektor haben in den letzten Jahren erhebliche Anstrengungen unternommen, um vom Nachwuchs als attraktiv wahrgenommen zu werden. Gerade der sehr gut ausgebildete Nachwuchs wird immer stärker fokussiert angesprochen. Ausgefeilte Trainee-Programme, höhere Einstiegsgehälter, gute und familienfreundliche Arbeitszeiten, Auslandsaufenthalte, Mentorenprogramme und spezielle Karrierewege für High Potentials machen Industrie, Handel, Finanzbranche und die restliche Wirtschaft zu einer immer attraktiveren Berufseinstiegsvariante.

Inhouse Consulting bei Frauen sehr beliebt

ad 3: Die Inhouse-Consulting-Einheiten der Großunternehmen sind mittlerweile gerade bei Frauen sehr beliebte Karrierestartoptionen, wie eine Verlagsbefragung bei studentischen Unternehmensberatungen ergab. Die Arbeit in einer Inhouse-Consulting-Einheit gilt als sehr vorstandsnah – bei besserer Work-Life-Balance als in der externen Beratung. Außerdem werden die Karrierewege im Inhouse Consulting sehr klar kommuniziert: Man sieht die Berater von heute in vier Jahren in einer führenden Position innerhalb einer Linienfunktion im eigenen Konzern. Es geht ganz klar um die Ausbildung von Führungskräftenachwuchs.

Im Wettbewerb um die besten Köpfe sind das sicherlich schlechtere Rahmenbedingungen als noch vor ein paar Jahren, trotzdem hat die Managementberatungs-Branche noch einige Trümpfe in der Hand, die es gezielt auszuspielen gilt. Wer an dieser Stelle Empfehlungen erwartet, welche die richtigen Kanäle sind – Print? Online? Social Media? Active Sourcing? Face-to-Face Communication? Events? Vorträge? Messen? –, den muss ich leider enttäuschen. Ich empfehle lediglich, dass Beratungsunternehmen am besten auf allen Kommunikationswegen mit potenziellen Bewerbern in Kontakt treten sollten – so offen und konkret wie nur irgend möglich.

Begeisterung erzeugen durch klare Kommunikation

Je besser ausgebildet ein Absolvent ist, desto größer ist seine Auswahl aus verschiedensten beruflichen Perspektiven. Nach Einschätzung der meisten Recruiter und personalverantwortlichen Partner und Vorstände lässt sich sagen: Je höher die inhaltliche Affinität und Begeisterung für eine Aufgabe, desto höher auch die Chance, den bestausgebildeten Nachwuchs für das eigene Unternehmen zu gewinnen. Klingt das zu banal? Die oben genannten Rahmenbedingungen sollten für ein suchendes Unternehmen dann zu meistern sein, wenn es folgende Empfehlungen berücksichtigt:

- so klar wie möglich mit jedem Bewerber kommunizieren,
- konkrete Projektbeispiele aus dem Beratungsunternehmen benennen,
- Work-Life-Balance-Modelle klarer kommunizieren,
- inhaltliche Vielfalt sollte nicht nur behauptet, sondern mit Beispielen belegt werden,
- Alleinstellungsmerkmale aufzeigen,

Ihr Partner für…

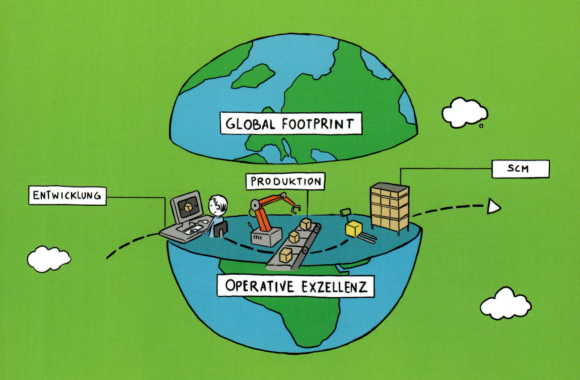

MÜNCHEN | WIEN | ZÜRICH | PRAG | PEKING WWW.ROI.DE

- Unternehmenskultur anhand von Beispielen verdeutlichen,
- klar kommunizieren und mit Beispielen die Berufsaussichten innerhalb und außerhalb des Unternehmens kommunizieren:
  - ☐ Wie macht man Karriere im Unternehmen?
  - ☐ Wird man in der Beratungsgesellschaft häufig von Mandanten als Arbeitnehmer abgeworben?
  - ☐ Wie macht eine Frau mit Kinderwunsch Karriere im Consulting-Unternehmen?
  - ☐ Welches Gehalt zahlt eine Beratung zum Einstieg und auf den ersten Karrierestufen?

Kandidaten mit konkreten Beispielen begeistern

Das Ziel sollte es sein, in all diesen Punkten offene, ehrliche und spannende Beispiele der Arbeit im Beratungsunternehmen geben zu können. Sind die Bewerber inhaltlich erreicht, dann ist ein wesentlicher Teil der zielführenden Kommunikation geschafft.

Ich darf spätestens an diesem Punkt selbst ein paar Beispiele aus langjähriger Erfahrung in der Beratungsbranche nennen, die sich bestens dazu eignen, potenzielle Kandidaten inhaltlich für das eigene Haus zu begeistern.

McKinsey unterhält mittlerweile zehn Capability Center weltweit. Diese »Lernfabriken« sind übrigens eine Erfindung aus Deutschland.

Das erste Capability Center entstand in Zusammenarbeit mit der TU Darmstadt. Mittlerweile hat McKinsey das Modell wesentlich weiterentwickelt. Um die eigenen Kunden zu schulen, betreibt das Beratungsunternehmen in Hallbergmoos am Flughafen München unter anderem einen real existierenden Weinshop (www.vinoya.de), um Kunden in Echtzeit in digitalem Marketing ausbilden zu können. Außerdem ist im gleichen Capability Center eine komplette Bankfiliale nachgebaut, um Kunden bei Organisations- und Change-Management-Prozessen zu coachen. Das dazugehörige Rollenspiel war übrigens erstaunlich lustig.

Ein anderes Beispiel: Das Beratungsunternehmen Camelot Management Consultants als Spezialist für die Chemie- und Pharmabranche erhebt jedes Jahr eine Studie, den sogenannten ChemMonitor, eine Befragung von Spitzenmanagern der Chemiebranche zum Standort Deutschland. 2013 standen in der Studie die steigenden Energiekosten und deren Auswirkungen auf die Chemiebranche im Fokus. Wir haben unseren Lesern damit nicht nur erklären können, warum es spannend sein kann, die Chemie- und Pharmabranche zu beraten, sondern auch, wie man generell Studien aufsetzt, sie medial vermarktet und Umsatz daraus generiert. Kurz: Warum sind Studien so wichtig für Unternehmensberatungen?

Nicolai Haase ist Vorstand der Evoluzione Media AG. Mit den verlagseigenen Publikationen erreicht das Münchener Unternehmen jährlich über 2 Millionen angehende Hochschulabsolventen, Wissenschaftler und Young Professionals.

Nächstes Thema: Frauen in der Unternehmensberatung. Einmal im Jahr wird eine komplette Ausgabe von *junior//consultant* ausschließlich von Unternehmensberaterinnen unter Anleitung der Redaktion geschrieben. Da erfährt der Leser, wie Arthur D. Little ein Automobilunternehmen berät, wie es sein Gebrauchtwagengeschäft in China aufbaut, und eine Beraterin von Accenture stellt ein Merger- und ein Kommunikationsprojekt vor. Ein ganzes Magazin voller Beispiele.

Damit wir uns nicht falsch verstehen: Das können Sie als Unternehmen auch alleine. Aber bitte werden Sie konkret, nennen Sie Beispiele und suchen Sie sich gute Partner. Denn Kommunikation ist Vertrauenssache. Hier in diesem Handbuch sind Sie sicherlich gut aufgehoben, denn es wird von erfahrenen Journalisten gemacht. Suchen Sie sich gute Plattformen, erzählen Sie gerade Storys und: Fangen Sie sofort damit an.

Teil II –
Aktuelle B2B-Services für die Praxis

Branchen-Special »Energie«:
Der Kunde im Mittelpunkt – warum Energieversorger
ein systematisches Bestandskundenmanagement brauchen
und damit gewinnen 74

Branchen-Special »Handel«:
Die Zukunft wartet nicht 78

Business Process Management:
Effizienzsteigerung in Verwaltungs- und Supporteinheiten ... 82

Business Transformation:
Industrialisierung in der Beratung 88

Change Management:
Die Besetzung von Schlüsselpositionen ist
Königsdisziplin und Erfolgsfaktor 92

Customer Relationship Management:
Wissen, was Kunden wünschen 98

Digitale Transformation:
Wege in eine neue Epoche 104

Globales Ressourcenmanagement:
Wie die Steuerung internationaler Projekte gelingt 110

Innovation Management:
Wachstum durch Innovation – was Dienstleistungen und
(digitale) Geschäftsmodelle in Zukunft leisten müssen 114

IT-Management:
Zwischen allen Stühlen 120

Manufacturing Excellence:
Survival of the most perfect 126

Produktnahe Beratung:
Das Ende der Wettbewerbsvorteile 132

Risk & Compliance Management:
Risiken adäquat steuern 138

Supply Chain Management:
Werttreiber, Chancensucher und Innovator 144

Dr. Thomas Haller

Branchen-Special »Energie«

Der Kunde im Mittelpunkt – warum Energieversorger ein systematisches Bestandskundenmanagement brauchen und damit gewinnen

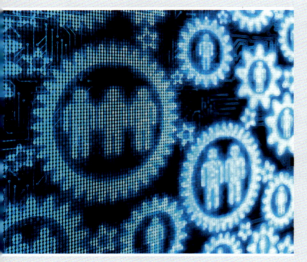

In der aktuellen Debatte um das Thema Energiewende dreht sich alles um die Frage, wie der Ausbau der erneuerbaren Energien und deren Integration in das Energiesystem erfolgen sollen. Marketing und Vertrieb sind zu Statisten degradiert und somit auch das »Gesicht« der Energieversorger gegenüber ihren Kunden. Eine brisante Entwicklung. Die zunehmende Unzufriedenheit der Verbraucher mit ihren Energieversorgern sollte die Manager nachdenklich stimmen. Denn der Handlungsdruck in Sachen Kundenbindung und -rückgewinnung wächst. Vor diesem Hintergrund ist es wichtiger denn je, ein umfassendes Verständnis der eigenen Kundschaft zu haben. Ein aktives Bestandskundenmanagement auf Basis einer fundierten Kundensegmentierung kann helfen, dieses Ziel zu erreichen. Doch gerade hier weisen viele Unternehmen der Energiewirtschaft Defizite auf. Dieser Beitrag zeigt auf, worauf Unternehmen achten sollten, wenn sie die Kundensegmentierung zu einem wirksamen Steuerungsinstrument für das Bestandskundenmanagement umbauen wollen.

Die gängigen Maßnahmen zur Kundenbindung und -rückgewinnung sind vielfältig, doch selten effektiv. Noch immer halten viele Energieversorger an jedem einzelnen Kunden fest und setzen Kundenbindungsmaßnahmen mit der sprichwörtlichen Gießkanne ein. Das verwundert nicht, denn noch im Jahr 2010, so eine Studie von Simon-Kucher & Partners, verfügten nur ein Viertel der Stadtwerke über eine Kundensegmentierung, die über die übliche Trennung zwischen Privat- und Gewerbekunden im Massenkundengeschäft hinausgeht. Diese Situation dürfte sich in den letzten Jahren nicht dramatisch verbessert haben. Nach weit mehr als zehn Jahren Liberalisierung ein erschreckender Befund.

Doch nur wer seine Kunden segmentiert und dadurch seine Kundengruppen genau kennt, kann den Vertrieb und seine Marketingaktionen spezifisch auf jede einzelne Gruppe ausrichten, erreicht damit bessere Ergebnisse und spart oft noch Geld. Eine Kundensegmentierung identifiziert verschiedene Kundengruppen, die jeweils das gleiche Nutzungsverhalten zeigen und die anhand ihrer Segmentbeschreibung bearbeitet werden können. Ziel dabei ist es, Kunden mit möglichst geringem Mitteleinsatz anzusprechen, zu betreuen und sie gemäß ihren Bedürfnissen und ihres Kundenwertes zu behandeln. Wird die Kundensegmentierung zudem neben dem Kundenwert mit einem Kündigungsrisiko je Kunde kombiniert, ist eine wertorientierte Marktbearbeitung und damit ein effizientes Bestandskundenmanagement möglich.

Hierfür ist allerdings die Wahl des richtigen Segmentierungsansatzes essenziell. Energieversorger arbeiten häufig mit einer Kundensegmentierung, die keine zielgerichtete Ableitung von Kundenbindungsmaßnahmen erlaubt. Dazu muss die Kundensegmentierung mit den Bestandskundendaten verknüpft sein.

Den richtigen Segmentierungsansatz wählen

Energieversorger greifen häufig zum falschen Kundensegmentierungsansatz, insbesondere, wenn die Segmentierung das Bestandskundenmanagement unterstützen soll. Je nachdem, ob die Segmentierung die Kundenbindung bzw. -rückgewinnung oder die Neukundengewinnung unterstützen soll, muss ein anderer Ansatz gewählt werden. In der einschlägigen Literatur wird – unabhängig vom eigentlichen Ziel einer Kundensegmentierung – eine Segmentierung auf Basis von Befragungen oder anderen Marktforschungsmethoden empfohlen. Hierdurch werden sehr vielfältige Informationen über den Kunden gewonnen. Bei diesen Segmentierungsansätzen werden Kunden befragt und anschließend auf Basis der erhobenen Daten verschiedene Klassen gebildet, z. B. die Neo-Ökologen, die resignativ Zufriedenen oder die McShopper. Diese Segmente liefern zwar ein plastisches Bild vom möglichen Kunden, nur leider nicht, welcher Kunde des eigenen Kundenstamms in welches Segment fällt.

Segmente, die auf Marktforschungsdaten basieren, können nur sehr schwer den Bestandskunden zugeordnet werden. So kann ein Energieversorger beispielsweise wissen, dass 27 Prozent seiner Kunden potenziell über einen Versorgerwechsel nachdenken, da sie noch primär in der Grundversorgung sind und beispielsweise ein Ökostrom-Produkt befürworten. Der Energieversorger weiß aber nicht, welche Kunden er mit einem konkreten Vorschlag für sein neues Ökostrom-Produkt anschreiben könnte. Trotz vorhandener Kundensegmentierung lassen sich die Streuverluste in der Kommunikation nicht reduzieren und die Ansprechbarkeit der Kunden lässt sich nicht verbessern. Eine effiziente Marktbearbeitung verhindert das.

Pragmatismus vor Komplexität

Um eine Effizienz im Marketing zu erreichen, muss die Kundensegmentierung mit den Kundendaten verknüpft sein. Nur so können Kundenbindungs- und Marketingmaßnahmen auf das jeweilige Segment zugeschnitten werden. Eine Segmentierung auf Basis der Kundendaten erlaubt eine zielgerichtete Marketing-, Werbe- und Mediaplanung. Vorhandene Daten bei Energieversorgern liefern selten die Informationsfülle von Marktforschungen oder Kundenbefragungen, denn Energieversorger haben in der Regel keine Informationen etwa über die Mediennutzung oder den Lifestyle eines Kunden. Allerdings sollte die Aussagekraft der vorhandenen Daten auch nicht unterschätzt werden. Auch mit wenigen Daten können plastische Segmentbeschreibungen entstehen. Aber der größte Nutzen ist, dass alle Bestandskunden eindeutig einem Segment zugeordnet werden. Darüber hinaus kann die Kundensegmentierung auf potenzielle Neukunden angewendet werden.

Erfahrungsgemäß ergibt sich bei der Verwendung interner Daten zudem ein weiterer positiver Nebeneffekt für die

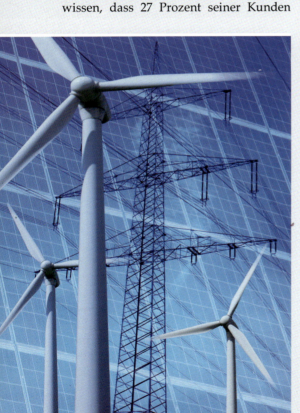

meisten Energieversorger. In der Regel kann ein Energieversorger schnell sehen, wo es Verbesserungsbedarf in seinen Datensystemen gibt. Dies kann etwa der Fall sein bei der Zusammenführung von Strom- und Gaskunden. Auch wird ersichtlich, welche Daten noch besser gepflegt werden könnten, wie Angaben zu Alter und Familienstand, oder welche Daten nur sporadisch vorliegen, etwa E-Mail-Adressen. So ist ein Projekt zur Kundensegmentierung auch meistens der Beginn, um Daten- und damit auch Informationsqualität zielgerichtet zu verbessern.

Dr. Thomas Haller ist Managing Partner bei Simon-Kucher & Partners und Leiter des Wiener Büros. Er verantwortet die Energy Practice der Beratungsgesellschaft.

Zum Mehrwert von Bestandskundendaten

Durch eine Kombination der Elemente Kundensegment, Kundenwert sowie Kündigungsrisiko kann der Energieversorger die Segmentattraktivität ermitteln. Anhand der Segmentattraktivität kann er so das Budget und den Ressourceneinsatz je nach Wertbeitrag eines Segments gezielt steuern. So wird das Budget für Kundenbindungsmaßnahmen für eine attraktive Kundengruppe deutlich höher sein als für Kunden, die langjährige »Brieffreundschaften« mit dem Kundenservice pflegen oder ständig Zahlungsschwierigkeiten haben. Die Ressourcen werden auf die »wichtigen« Kunden fokussiert und dort die Maßnahmen genau auf die jeweiligen Präferenzen zugeschnitten. Dadurch wird das Bestandskundenmanagement effizienter und die Kundenbindung nachhaltiger.

Der Ansatz ist mit überschaubarem Aufwand als dynamisches System in die IT-Landschaft implementierbar, sodass sich kein zusätzlicher Aktualisierungsaufwand ergibt. Nach der Einführung werden Bestandskunden kontinuierlich und automatisch dem entsprechenden Segment zugeordnet. Dies ist allerdings laut Studie von Simon-Kucher & Partners bei über 80 Prozent der momentan verwendeten Segmentierungsansätze nicht der Fall. Auch die Integration kleiner Gewerbekunden im Privatkundensegment ist ohne Probleme möglich. Durch eine Verankerung der Kundensegmentierung im Marketing-Controlling kann die Nachhaltigkeit der Marktbearbeitung zudem gesteuert und überprüft werden. Kundenbewegungen oder Präferenzänderungen werden sichtbar gemacht, sodass eine frühzeitige Reaktion möglich ist. Die Kundenbindung wie auch alle Marketingmaßnahmen insgesamt können so zielgerichtet und proaktiv eingesetzt werden. Eine so durchgeführte Kundensegmentierung ist nicht komplex, dafür aber pragmatisch und anwendbar.

Dietmar Müller

Branchen-Special »Handel«

Die Zukunft wartet nicht

Wenn Unternehmen innovative Geschäftsmodelle einführen, sich den Marktgegebenheiten anpassen oder Regulierungsbedarfen nachkommen, durchlaufen sie eine Transformation. Ausgehend von einer strategischen Weichenstellung, sind Geschäftsprozesse, IT und nicht zuletzt die Menschen, die die Veränderung mittragen und umsetzen, im Unternehmen betroffen. Wie aber gehen erfolgreiche Unternehmen konkret mit diesen marktgetriebenen Veränderungssituationen um?

Transformationsvorhaben sind methodisch mit einem integrierten und ganzheitlichen Ansatz am besten zu bewältigen. Die Grundidee ist, ein Unternehmen von der strategischen Entwicklung über die Prozessoptimierung bis hin zur Implementierung der IT-Systeme mit einem einzigen Team zu begleiten.

Transformationsprojekte weisen in der Regel fünf Charakteristika auf, denen sich die Verantwortlichen auf Unternehmensseite und der involvierte Transformations-Beratungspartner stellen müssen.

- **Komplexität:** Inhaltliche, zeitliche oder regionale Anforderungen und unterschiedliche Zukunftsszenarien können in die »Komplexitätsfalle« führen.
- **»Moving Targets«:** Obwohl sich Anforderungen und Ziele ständig ändern und weiterentwickeln, bleibt eine Erwartung konstant: das zügige Erreichen eines hohen Reifegrades.
- **Standardisierung vs. Individualisierung:** Die IT will Standardisierung, die Fachbereiche wollen Spezialisierung. Diese Erfordernisse stehen zunächst gegeneinander. Es gilt, sie gemäß der 20/80-Regel gut auszubalancieren.
- **Koexistenz-Management:** In der Rollout-Phase geht es nicht anders – der parallele Betrieb von Prozessen, Systemen und Infrastrukturen muss gemanagt werden.
- **Change Management:** Last but not least muss das Augenmerk darauf liegen, die Beteiligung und Akzeptanz der Fachbereiche sicherzustellen.

Eine durchgehend integrative Vorgehensweise im Projekt hilft, ihnen zu begegnen.

Beim Hausbau abgeschaut

Neue Ansätze entstehen, wenn sich in der Beratungspraxis bestimmte Beobachtungen wiederholen und Handlungsmuster herauskristallisieren. Was naheliegt, ist der Blick über die Grundstücksgrenze – er erleichtert es, Zusammenhänge zu begreifen und zu veranschaulichen.

Vergleichen wir ein Transformationsprojekt mit dem Hausbau. Als Bauherr wird man von Anfang an mit dem Team sprechen wollen, welches das Projekt ganzheitlich sowohl fachlich als auch von der praktischen Machbarkeit her über sämtliche Ebenen hinweg leitet. Bei Transformationsprojekten ist gerade dies ein

Aspekt, den Kunden sehr zu schätzen wissen: Sie wollen, dass sehr früh eine systembasierte Validierung getreu dem Motto »What you see is what you get« stattfindet, damit Aufwand, Umsetzungsdauer und Projektrisiken nachhaltig reduziert werden. Um dies zu erreichen, bedarf es eines stringenten Bauplans, der sämtliche Projektebenen und -abschnitte abdeckt und integriert und somit einen reibungslosen Übergang zwischen Strategiedefinition, Prozessmodellierung und anschließender Umsetzung sicherstellt.

Simultaneous Engineering

Seit mehr als zehn Jahren methodisch auf höchster Unternehmensebene entwickelt und erprobt, bietet die Rapid-Transformation®-Methode von KPS einen neuen Ansatz: Strategieentwicklung, Prozessdesign und IT-Implementierung laufen so weit wie möglich simultan ab, Projektlaufzeiten werden deutlich reduziert. So hilft die Methode, Unternehmenstransformationen zu beschleunigen bei gleichzeitiger Sicherstellung der Umsetzungsqualität und eines optimierten Preis-Leistungs-Verhältnisses.

In der KPS-Methode manifestiert sich die grundsätzliche Idee eines ganzheitlich orientierten Beraterteams, das Prozesse end to end denkt und mit den besten vorhandenen »Baustoffen«, nämlich Best Practices, für den Kunden arbeitet. Dazu gehört auch, nicht auf eine bestimmte Software-Lösung festgelegt zu sein, sondern bedarfsgerecht nach der am besten geeigneten Variante zu suchen. Die Unternehmenssoftware SAP ist dabei wichtig, vor allem im Kernbereich Enterprise Resource Planning (ERP). In der End-to-End-Sicht sind aber auch CRM-Portale, Web-Frontend, Kassenanbindung, Cross-Channel-Retailing und mehr gefragt.

Der Ansatz ist branchenunabhängig einsetzbar, erfordert aber auf Seiten des Beratungspartners umfassendes Know-how von Branchenstandards und Best Practices. Insbesondere in den Bereichen Handel und Konsumgüterindustrie, aber auch in anderen Branchen hat sich die Methode bewährt. Wichtig sind regelmäßige Kontrollen zwischendurch. Wer in allen Phasen des »Bauvorhabens« zu bestimmten Kontrollpunkten eine systembasierte Abnahme durch Fachbereiche und IT durchführt, sorgt dafür, dass am Ende die Qualität stimmt.

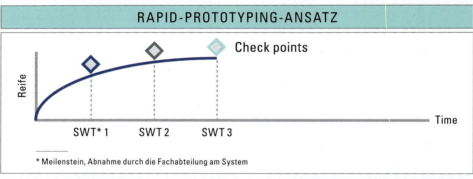

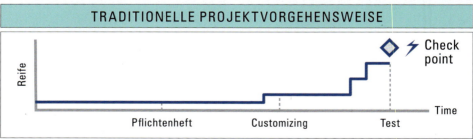

Abb. 13: Rapid Prototyping – ein Ansatz, der Aufwand, Umsetzungsdauer und Projektrisiken reduziert

Quelle: KPS AG

Die traditionelle Projektvorgehensweise sieht meist vor, dass die einzelnen Bereiche und Disziplinen – Strategieentwicklung, Umsetzung in Geschäftsprozesse und Implementierung – hintereinander ablaufen. Dies kann nur dann sinnvoll beschleunigt werden, wenn es tatsächlich gelingt, eine Parallelisierung dieser Prozesse zu erreichen. Damit das möglich wird, braucht es völlig neue Projektwerkzeuge. Keine Beschreibungswerkzeuge, sondern eine Kommunikationsplattform, mit der alle Beteiligten interaktiv arbeiten – das Management, die Fachabteilungen und die IT. Dann kann der Change-Prozess iterativ so ablaufen, dass kontinuierlich alle im Boot sind. Der Vorteil: Es werden nicht nur bessere Ergebnisse erzielt, auch die Identifikation der Beteiligten mit dem Projekt steigt beträchtlich. Der Faktor Mensch ist eine der kritischsten Herausforderungen für erfolgreiche Transformationsprojekte. Daher muss dem Change Management und der damit verbundenen kommunikativen Begleitung der angestoßenen Veränderungen eine zentrale Bedeutung zukommen. Klare Arbeitspakete in den jeweiligen Projektphasen und die Etablierung eines Teams, bestehend aus Fachbereichen und IT, sorgen für ein stringentes Change Management.

Dietmar Müller ist Sprecher des Vorstands der KPS AG und für den Bereich Operations zuständig.

Probewohnen im neuen System

Der Startpunkt im Rapid-Transformation®-Modell von KPS ist der Integrationstest, ein Meilenstein, der in gängigen Verfahren weit hinten steht. Am Anfang bedeutet dies mehr Arbeit, führt aber letztlich schneller zum Ziel. Nach drei bis sechs Monaten steht ein komplettes System, das der Kunde testen und erleben kann. Der Unterschied zu üblichen Prototypen ist die frühzeitige Integration in die Systeme des Kunden – inklusive »Look and Feel«. Fühlt sich der Kunde in dieser neuen Welt wohl, geht es an den Umzug von Alt nach Neu. Wichtig ist dabei, um beim Hausbau zu bleiben, dass keine Altbausanierung stattfindet, sondern Schritt für Schritt ein Umzug in neue, moderne Systeme in relativ kurzer Zeit. Zunächst zieht eine Einheit des Unternehmens um und testet alle Kinderkrankheiten – doch jetzt nicht mehr im Prototyp, sondern mit echten Prozessen, echter Ware, echtem Geld. Danach folgt der Rest des Unternehmens.

Das Ergebnis ist eine Verkürzung der Implementierungsdauer um rund 30 bis 50 Prozent, eine Erhöhung der Reife der Lösung durch systembasierte Abnahmen bei gleichzeitiger Reduzierung von Implementierungsrisiken. Das schont Nerven und Portemonnaie. Und wir wissen: Das ist beim Hausbau mehr als die halbe Miete. Bei einem Transformationsprojekt ist es genauso.

Thilo Böhm und Dr.-Ing. Frank Thielemann

Business Process Management

Effizienzsteigerung in Verwaltungs- und Supporteinheiten

Die Fähigkeit zur Veränderung und Anpassung an ein sich ständig wandelndes Umfeld ist zentrale Voraussetzung für den langfristigen Erfolg von Unternehmen. Globalisierung, volatile Märkte, die rasante technologische Entwicklung und individuelle Kundenanforderungen verlangen ein hohes Maß an Transformationskompetenz von Unternehmen, um dem steigenden Wettbewerbsdruck standzuhalten. Häufig gilt: Je größer und komplexer die Organisation, desto geringer die Veränderungsgeschwindigkeit. Um diese zu steigern, haben Unternehmen in der Vergangenheit vor allem ihre Produktion effizienter gestaltet und konsequent die nicht wertschöpfenden Aktivitäten reduziert. Dabei blieben die Verwaltungs- und Supporteinheiten in der Regel außen vor. Doch gerade dort verbirgt sich ein enormes Optimierungspotenzial: Viele Konzerne haben bereits Programme aufgelegt, um diese Bereiche zu verschlanken und die Leistungsfähigkeit und Effizienz zu steigern. Allein die 30 DAX-Konzerne haben nach Berechnungen des *Handelsblatts* in diesem Jahr Sparprogramme in einem Umfang von rund 20 Milliarden Euro aufgelegt.[1] Um das Potenzial in den Verwaltungsprozessen nachhaltig zu heben, müssen die drei Säulen Business, Process und Excellence integrativ betrachtet werden.

Von der industriellen Produktion lernen

In den vergangenen Jahrzehnten haben sich die Unternehmen verstärkt auf die Effizienzsteigerung ihrer produktionsnahen Kernprozesse fokussiert. Durch die stringente Ausrichtung auf die Kundenanforderungen durch Business Analysis konnten die Kundenbedürfnisse immer besser befriedigt werden.

Mit dem konsequenten Einsatz von Business Process Management und Operational Excellence wurde zudem standardisiert, harmonisiert und automatisiert. Auch durch die Einbeziehung der Mitarbeiter in die Weiterentwicklung konnte enormes Optimierungspotenzial gehoben werden: So wurden beispielsweise in den Produktionsoptimierungsprojekten von Unity signifikante Ergebnisse erzielt: Fakten wie die Verminderung von Transport- und Logistikkosten um 20 Prozent oder die Senkung ungeplanter Produktionszusatzkosten um bis zu 80 Prozent sprechen eine deutliche Sprache.

Heute ist Deutschland weltweit Spitzenreiter bei modernen, hoch automatisierten und effizienten Produktionssystemen und damit für die nächsten Dekaden perfekt gerüstet. Hauptgrund dafür ist, dass in der Produktion frühzeitig die richtigen Weichen gestellt wurden.

Viele Unternehmen treibt nun die Frage um, wie die positiven Erkenntnisse und Erfahrungen sinnvoll auf die Verwaltungs- und Supporteinheiten – also die indirekten Prozesse in den Unternehmen – übertragen werden können, um auch hier ähnliche Effekte zur Effizienzsteigerung zu erzielen.

Um die Best-Practice-Ansätze und die Best-Practice-Erfahrungen für die Verwaltungs- und Supportbereiche sicherzustellen, ist eine Kombination aus Business

---

1 Quelle: Handelsblatt, 14.2.2013: http://www.handelsblatt.com/unternehmen/industrie/20-milliarden-euro-dax-konzerne-legen-sparprogramme-auf/7781430.html

Analysis, Business Process Management und Operational Excellence der entscheidende Erfolgsfaktor (siehe Abb. 14).

Die Erfahrung aus einer Vielzahl durchgeführter Projekte in diesem Bereich hat gezeigt, dass es nicht ausreicht, nur eine der drei Disziplinen zu berücksichtigen. Für einen nachhaltigen Beitrag zur Effizienzsteigerung müssen alle drei Disziplinen integrativ ineinandergreifen – im [Business]-[Process]-[Excellence]-Programm.

Transparenz herstellen mit Business Analysis

Business Analysis ist der erste Schritt im Programm. Hier gilt es, die Geschäftsstrategie, das Kunden- und Marktumfeld sowie die Leistungen zu analysieren. Zudem werden die grundsätzlichen Ziele und Erwartungen der Geschäftsleitung an das Programm definiert. Entscheidend dabei ist, die Struktur des Geschäftsfelds, die Kundenerwartung und die erbrachten

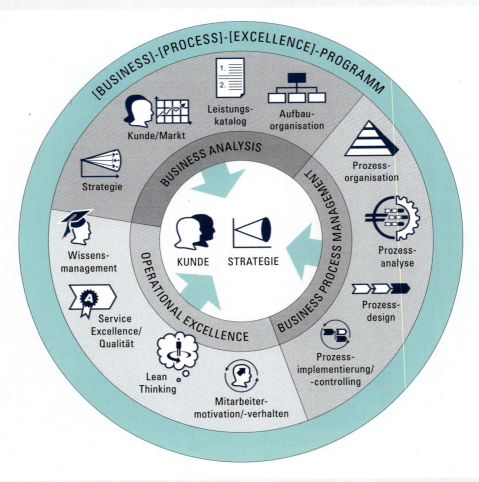

Abb. 14: Das [Business]-[Process]-[Excellence]-Programm Quelle: Unity AG

Leistungen mit ebenso kritischen Fragestellungen zu beleuchten wie im Produktionsumfeld:
- Wer sind meine Kunden?
- Welche Herausforderungen gibt es für das Geschäftsfeld?
- Wie ist das Geschäftsfeld strukturiert?
- Wie sieht das Leistungsportfolio lokal/global aus?
- Erfüllen die erbrachten Leistungen die Kundenerwartungen?
- Sind die Herstellkosten der Leistungen bekannt und wettbewerbsfähig?

Diese Liste kann fortgeführt werden. In den Supportbereichen werden diese Fragen häufig nicht gestellt oder nur unzureichend beantwortet. Die Folge ist, dass Potenziale nicht erkannt werden und dringend notwendige Veränderungsmaßnahmen ausbleiben.

Ziel ist es, nach der Analyse ein umfassendes, transparentes Bild vom derzeitigen Geschäftsmodell zu erhalten, um daraus die grundlegenden Entscheidungen zur Ausrichtung des Leistungsportfolios und der Ablauf- und Aufbauorganisation treffen zu können.

Leistungen darstellen mit Business Process Management

Business Process Management – als zweite Säule des Programms – ist die entscheidende Disziplin, um die Leistungen als End-to-End-Prozess abzubilden, zu verstehen und zu analysieren. Business Process Management ermöglicht zudem, die Leistungen allen Mitarbeitern der Organisation transparent zur Verfügung zu stellen. Die aufgenommenen und abgebildeten Leistungen sind die Basis für die kontinuierliche Verbesserung und die anschließende Transformation der Leistungen in den definierten Zielzustand.

Unity hat schon früh die Notwendigkeit erkannt, Leistungen darzustellen und zu analysieren. Bereits 1995 hat das Unternehmen gemeinsam mit dem Heinz Nixdorf Institut die Methode OMEGA (Objektorientierte Methode zur Geschäftsprozessanalyse) entwickelt (siehe Abb. 15, Seite 86). In seinen Projekten wird die kontinuierlich weiterentwickelte OMEGA-Methode eingesetzt, um
- die Leistungen transparent zu beschreiben und visuell darzustellen,
- den Dokumenten- und Informationsfluss im Prozess zu analysieren,
- die Schnittstellen über die am Prozess beteiligten Organisationseinheiten zu bewerten,
- den Automatisierungsgrad (Systemunterstützung) zu bestimmen,
- die Fähigkeiten und Verbesserungspotenziale zu erkennen,
- den Wertstrom zu messen,
- die Herstellkosten der Leistung zu errechnen,
- den notwendigen FTE-Einsatz je Leistung zu bestimmen,
- die wichtigen Kennzahlen zum Controlling der Leistung zu definieren.

Während der Analyse werden alle erkannten Potenziale für Standardisierung, Harmonisierung und Automatisierung dokumentiert. In enger Abstimmung mit den am Leistungserstellungsprozess beteiligten Mitarbeitern werden anschließend die entsprechenden Maßnahmen eingeleitet.

Diese reichen von lokalen Prozessverbesserungen über notwendige Spezifizierungen von eingesetzten IT-Systemen bis hin zur Transformation von Leistungen in Shared-Service-Strukturen und an externe Dienstleister (Business Process Outsourcing).

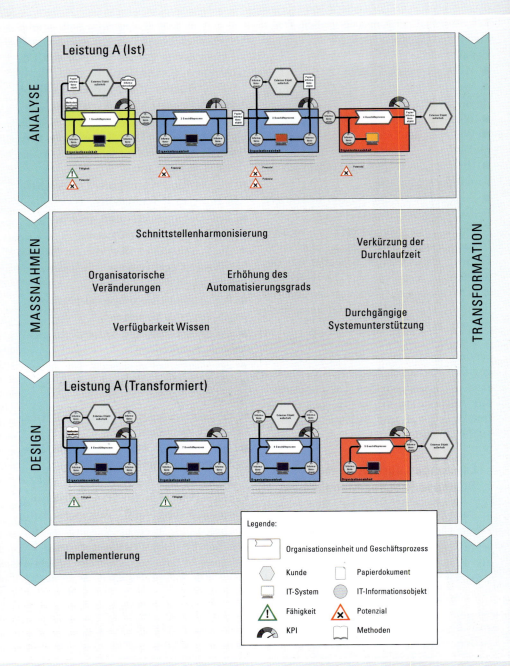

Abb. 15: Die OMEGA-Methode. Bereits 1995 hat die Unity AG gemeinsam mit dem Heinz Nixdorf Institut die Methode OMEGA (Objektorientierte MEthode zur GeschäftsprozessAnalyse) entwickelt; sie wird seitdem kontinuierlich weiterentwickelt   Quelle: Unity AG

Verbesserungsprozesse mit Operational Excellence in Gang setzen

Die Etablierung von Operational Excellence ist schließlich die Grundvoraussetzung, um zielgerichtet den kontinuierlichen Verbesserungsprozess innerhalb der Organisation und in den Leistungen in Gang zu setzen und nachhaltig sicherzustellen. Hier geht es vor allem darum, die Philosophie von Operational Excellence sowohl bei den Mitarbeitern als auch bei den Führungskräften zu verankern und alle für die Weiterentwicklung zu mobilisieren. Das Wissen über Lean, Qualität, Service Excellence und die damit einhergehende Veränderung im Denken und Verhalten aller Beteiligten ist hierbei der entscheidende Erfolgsfaktor.

Die Implementierung von Operational Excellence wird auf Basis der vorherigen Analyse und der strategischen Ausrichtung auf die Bedürfnisse der Mitarbeiter und Führungskräfte abgestimmt. Ziel ist es, die Wichtigkeit in Bezug auf

- ständige Verbesserung der Qualität und Service Excellence,
- Übernahme von Verantwortung,
- Teamarbeit und Teamperformance,
- Flexibilität,
- kontinuierliches Lernen zur Erweiterung des Wissens,
- wertschöpfende und nicht wertschöpfende Tätigkeiten,
- Reduzierung von Verschwendung,
- Offenheit und Integrität,
- persönliches Engagement

zu verdeutlichen und über Schulungsmaßnahmen nachhaltig zu fördern.

Thilo Böhm ist Geschäftsfeldleiter für das Großkundengeschäft und Prokurist der Unity AG. Er verantwortet Projekte zu Prozess- und Transformationsmanagement, Operational Excellence, Servicemanagement und Customer Centricity.

Dr.-Ing. Frank Thielemann ist Mitglied des Vorstands der Unity AG. Er verantwortet das Innovations- und Entwicklungsmanagement sowie das Großkundengeschäft.

Nachhaltigen Erfolg sichern

Nur unter der Berücksichtigung aller drei Disziplinen Business Analysis, Business Process Management und Operational Excellence ist der Erfolg in Bezug auf eine nachhaltige Veränderung sicherzustellen. Unsere Erfahrung zeigt, dass es möglich ist, die Effizienz in Verwaltungs- und Supporteinheiten um bis zu 30 Prozent zu steigern. Dabei geht es nicht nur um Kostenreduktion, sondern insbesondere um die Steigerung von Produktivität, Qualität, Kunden- und Mitarbeiterzufriedenheit.

Dr. Krystian Pracz

Business Transformation

Industrialisierung in der Beratung

Im »Wörterbuch der Soziologie« von Karl-Heinz Hillmann versteht man unter »Industrialisierung« technisch-wirtschaftliche Prozesse, die den Übergang von agrarischen zu industriellen Produktionsweisen gestalten oder auch definieren. Angefangen hat alles mit der Industriellen Revolution in England und fand einen Höhepunkt Anfang des 20. Jahrhunderts im Taylorismus und im Extrem der standardisierten Fließbandproduktion von Henry Ford. Damit verbindet man automatisch die Ziele wie auch die Erwartung von »mehr, besser und auch günstiger«.

In der Industrie als übergeordnetem Bereich ist diese Interpretation auch im Allgemeinen zutreffend. Dennoch entspricht sie der traditionellen Sichtweise und nicht der heutigen, deutlich breiteren Definition und den daraus folgenden Anwendungsfeldern.

Nach heutigem Verständnis steht »Industrialisierung« immer mehr für Standardisierung und Automatisierung von Verfahren und Prozessen. Außerdem aber verbindet man mit dem Begriff seit den

1990er Jahren auch die zunehmende Individualisierung der Massenproduktion, wie sie sich beispielhaft in der hohen Variantenzahl der Kfz-Produktion zeigt. Zunehmend heben wir damit in der Produktion den traditionellen Widerspruch zwischen »mehr, schneller, günstiger« und dem Wunsch nach individualisierter Bedürfnisbefriedigung auf. Mit dieser zeitgemäßen Definition erweitert sich der Anwendungsbereich des Begriffs und damit auch die Bedeutung für und in der Beratung.

In der modernen Verwendung fällt die Einschränkung auf die Industrie oder das produzierende Gewerbe weg, während die Bedeutung für alle Geschäftsfelder wächst. Die Ratio dahinter ist einfach: Wenn das Prinzip von »mehr, besser und günstiger« nachweislich in der Industrie funktioniert, warum soll es nicht auch in anderen Bereichen zu mindestens ebensolchen Erfolgen führen.

Neben der Industrie drängt sich da vor allem der Dienstleistungsbereich auf, doch damit verbunden erheben sich sogleich auch Zweifel und Sorge: Wir sprechen im Dienstleistungsbereich primär über direkte Beziehungen zum Kunden, und Dienstleistungen differenzieren sich nach unserem allgemeinen Verständnis nicht durch Standards, sondern durch Individualisierung. Dieser vermeintliche Widerspruch ist jedoch bei genauerer Betrachtungsweise nichtig. Jede individuelle Kundendienstleistung lässt sich nämlich in ihre Einzelleistungen beziehungsweise Dienstleistungskomponenten zerlegen. Einige davon werden unweigerlich den Charakter eines Standards haben oder sich so organisieren lassen, dass sie einem Standard entsprechen. Aber sie nehmen damit der Gesamtdienstleistung in keiner Weise ihren individuellen Kundenbezug. Diese Erkenntnis darf jedoch bei der Industrialisierung von Dienstleistungen nicht zu einem Automatismus in der Umsetzung führen.

In etlichen Bereichen der Dienstleistungsbranche hat die Industrialisierung bereits deutlich Fuß gefasst. Banken, Versicherungen, aber auch die IT-Welt mit Schwerpunkt auf der Software-Entwicklung haben ein hohes Maß an Standardisierung erfahren. Und schaut man über den Dienstleistungssektor hinaus, so wurde selbst der individuelle Verkaufsprozess bereits durch das Internet erheblich standardisiert. Durch »Ersatzleistungen« kann er den sehr individuellen Charakter eines Verkaufsgesprächs und sogar die als übergeordnet eingestufte Verkäufer-Kun-

Dr. Krystian Pracz ist Partner bei der EY Managementberatung und verantwortlich für den Bereich Markets. Er ist zudem Lehrbeauftragter an der Universität zu Köln im Bereich Allgemeine Betriebswirtschaftslehre, Unternehmensentwicklung und Organisation.

de-Beziehung kompensieren. Treiber für diese Entwicklung ist auch in diesem Fall »mehr, besser und günstiger«, und vielleicht kommt hier auch »schneller« hinzu.

Wie immer bei solchen Entwicklungen erhält man das Optimum nicht in einem Schritt. Vielmehr durchlaufen wir einen evolutionären Prozess. Begleitet auch von Fehlentwicklungen, nähert er sich nach und nach einem optimalen Verhältnis von Standard und Individualität an. Ob sich das richtige Verhältnis jemals einstellt, bleibt abzuwarten. Auch in der Industrie haben wir noch nicht alles, was möglich ist, erreicht. Die industrielle Produktion und der Einsatz der Standardisierung entwickeln sich ständig weiter. Bei der Industrialisierung des Dienstleistungsbereichs wird der anfangs stark vorhandene Wunsch der maximalen Standardisierung zunehmend durch ein realistischeres Ziel ersetzt, das den Marktbedürfnissen besser entspricht. Nicht das Machbare, sondern das Sinnvolle gibt den Takt an. Getrieben ist dies vor allem durch die Differenzierung zwischen kundennahen und kundenfernen Einzelleistungen oder Dienstleistungskomponenten.

Was bedeutet das nun für die klassische Beratung – das Consulting? Ist eine Industrialisierung der Beratung möglich?

Dazu lässt sich feststellen, dass wir in der Beratung von Beginn an mit einer Standardisierung der Leistungserbringung gut gelebt haben. Wurde nicht mit der Akkumulation von Wissen, seiner Umsetzung in standardisierte Best-Practice-Methodologie und -Anleitung sowie der Vielzahl klassischer Beratertools in den erfolgreichen Unternehmensberatungen der wesentliche Schritt zur Standardisierung bereits seit geraumer Zeit vollzogen? Und sehen wir heute nicht vielmehr nur die logische Fortsetzung von Standardisierung und Zergliederung von Beratungsaufgaben, die erst jetzt durch neue Formen der Zusammenarbeit sowie auf der Basis innovativer Telekommunikationstechnologien und des Zugangs zu internationalen Talent Pools möglich wird?

Das Beratungsgeschäft hat sich in den letzten Jahren deutlich verändert. Damit ist nicht die »makroskopische« Sicht auf die Beratung, die Beratungsindustrie als solche gemeint, sondern vielmehr der Blick auf ein einzelnes Projekt – IT-Projekte lassen wir an dieser Stelle ausgeklammert.

Projekte sind kleiner geworden. Gleichzeitig hat sich der Anteil der Kundenbeteiligung erhöht, was auch den nachhaltigen Erfolg begünstigt. Und auch die Vergabe von Projekten über professionelle und standardisierte Einkaufsprozesse orientiert sich immer mehr an industriellen Standards. Solche Aspekte wirken sich direkt auf das Projekt aus und spiegeln sich in der Projektabwicklung.

Der Anteil von Erfahrung pro Projektmitarbeiter steigt. Eine intensivere und somit auch individuellere Kundenbeziehung durch das veränderte Berater-Kunde-Verhältnis ist deutlich zu erkennen. Zudem ist auf der Kundenseite eine viel höhere Preissensitivität vorhanden. Daraus ergibt sich eine neue ökonomische Herausforderung für die Berater, die in der industriellen Produktion eben durch Produkt- und Prozessstandardisierung gelöst wurde: Sie besteht darin, das Ziel »mehr und besser« mit dem Ziel »kostengünstiger« zu vereinen. All das führt zu einem anspruchsvolleren Dialog mit dem Kunden, höherer Informationsdichte und somit zu einem intensiveren Projekt.

Als Folge davon kommt es zu einer stärkeren Differenzierung der Projektelemente. Es gibt einerseits kundennahe Projektelemente, die einen sehr hohen Individualisierungsgrad haben und inhaltlich getrieben sind. Andererseits existieren kundenferne Elemente, die sich zum Beispiel mehr mit der Administration oder der Beschaffung und Verarbeitung von projektrelevanten Informationen befassen. Diese kundenfernen Projektelemente, die früher primär in der Mandatsarbeit vor Ort stattgefunden haben, werden heute mehrheitlich über Schnittstellen in das Projekt transferiert.

Vor allem also die Elemente, die in einer gewissen Art und Weise standardisiert und somit industrialisiert werden können, sind von dieser Entwicklung betroffen. Und vergleichbar zur Industrie führt diese Industrialisierung des Projekts eben auch zu »mehr, besser und preiswerter«. Dabei bedeuten hier »mehr« eher die richtige Fokussierung, Ressourcenallokation und Kundennähe und »besser« die Projektqualität insgesamt. Dagegen ist »preiswert« ganz wörtlich zu nehmen: Die Standardisierung von Projektelementen ist immer häufiger mit dem Einsatz von Tools sowie mit der Nutzung von Processing- und Kompetenzcentern verbunden, die Skalenvorteile in der Leistungserbringung ermöglichen sowie eine Arbitrage von Lohn- und anderen Standortkosten erlauben. Diese machen die Tätigkeiten nicht nur effizienter, sondern auch transferierbar.

Ist eine solche Entwicklung aus Beratersicht nun gut oder schlecht? Die Antwort heißt: So stellt sich die Frage überhaupt nicht. Die oben beschriebene Entwicklung ist nämlich das, was der Beratungsmarkt zwingend verlangt und man daher als Berater ebenso zwingend anstreben muss: sich länger und intensiver mit dem Kunden und seinen Herausforderungen zu beschäftigen. Die Probleme der Kunden, die im Übrigen noch nie einem Standard entsprachen, werden immer individueller und komplexer. Dadurch entsteht zwischen dem Kunden und dem Berater eine sehr intensive, intime Situation, die Vertrauen und Zeit erfordert.

Industrialisierung in der Beratung bedeutet nach unserer Ansicht nicht nur ein weiteres Vordringen der Industrialisierung in einen neuen »Industriebereich«. Sie ist vielmehr die angemessene und notwendige Antwort des Beraters auf die Herausforderungen seiner Kunden. Erfolgreiche Berater werden diesen Weg gehen; je nach Tätigkeitsfeld in unterschiedlicher Ausprägung. Der Kunde wird davon auf alle Fälle profitieren.

Markus Diederich und Dr. Walter Jochmann

Change Management

Die Besetzung von Schlüsselpositionen ist Königsdisziplin und Erfolgsfaktor

Das erfolgreiche Ausrichten einer Organisation auf Märkte, Geschäftsmodelle und strategische Zielsetzungen erfordert eine permanente Justierung unterschiedlicher Ebenen und Erfolgsfaktoren. Die »Software« einer Unternehmenskonstruktion besteht aus einer Vielzahl von Komponenten: Dazu gehören eine attraktive und herausfordernde Vision, ein klarer Geschäftsauftrag mit überzeugenden Organisationskompetenzen im Wettbewerbsvergleich und ein abgestimmtes Ziel- und Steuerungssystem. Dazu kommen als »Hardware«-Dimension eine effiziente und effektive Aufbauorganisation und ein Prozessmodell mit den passenden und darauf abgestimmten strategischen, geschäftsbezogenen und unterstützenden Prozessen.

Die entscheidende Treiberrolle spiegelt sich in den erforderlichen personellen Ressourcen in Kapazität und Kompetenz, somit in der erforderlichen Mitarbeiterstruktur und der Königsdisziplin der strategischen Schlüsselpositionen. Denn gerade die letztgenannte Gruppe ist ein zentraler Gestalter und Sinngeber eines Unternehmens- und Geschäftsmodells mit seinen Ansprüchen, Zielen, Werten und Verantwortungen. In vielen Unternehmen ist offenbar inzwischen die Erkenntnis gereift, dass letztlich das Zusammenspiel aus individuellen und organisationalen Kompetenzen über den nachhaltigen Unternehmenserfolg entscheiden. Daraus haben die Unternehmenslenker die Konsequenz gezogen, dem Faktor Mensch höchste Relevanz beizumessen: Verstärkte Aktivitäten rund um Themen wie Transformation, Change, Demografie, Talent Management oder Führungsqualität und Organisation zeigen dies.

Lern- und Veränderungsfähigkeit von Organisationen

Jede Branche und jedes Geschäftsmodell hat eigene Spielregeln. Dazu gehören Kundengruppen und Wettbewerber, ein Lebenszyklus mit Substitutionsrisiken und ein spezifisches Set an unternehmerischen Erfolgshebeln rund um Top-Line-Management (Innovationen, Wachstum) und/oder Bottom-Line-Management (Kostenorientierung, Effizienzsteigerung). Dabei scheint das größte Risiko in einer statischen Selbstzufriedenheit, in Absicherung und Innenfokus einer Organisation zu liegen. Die permanente Lern- und Veränderungsfähigkeit sichert letztlich den nachhaltigen Erfolg in aktuellen und zukünftigen Märkten. Für das Management bedeutet diese permanente Veränderung: Visionen und anspruchsvolle Ziele entwickeln und kommunizieren, einen Gestaltungsanspruch in den Märkten formulieren, Wachstumsdruck erzeugen, Handlungsungeduld, Kreativität und Innovationsstreben fördern.

Während in frühen Marktphasen einige wenige Schlüsselpersonen, Unternehmer und Innovatoren ein Unternehmensmodell schaffen und in die Marktbedeutung führen können, sind große und reife Organisationen auf die Perspektive der gesamten Mitarbeiterstruktur angewiesen. Es erscheint in diesem Sinne intuitiv plausibel, dass sich Mitarbeiterengagement positiv auf den unternehmerischen Erfolg auswirkt. Ein gutes Organisationsklima, Kooperationsumfeld und Commitment sind dementsprechend nicht mehr lediglich »Hygienefaktoren« in der Mitarbeiter- und Unternehmensführung. Wer ein innovatives und veränderungstreibendes Unternehmen gestalten will, muss auf der Ebene Mensch folgende Anforderungen erfüllen:

- Unternehmenswerte und -klima von Offenheit und Fairness, Integrität und Verantwortung, Ziel- und Leistungsorientierung, Veränderungsbereitschaft und Unterstützung;
- personelle Kontinuität in den Schlüsselpositionen und erfolgsrelevanten Jobgruppen auf der Markt- und Innovationsseite;
- überzeugende Besetzungen in den Schlüsselfunktionen mit Bezug auf Kompetenzen und Wertbeitrag, Vorbildwirkung in der Werte- und Leistungsdimension;
- professionelle HR-Prozesse in Sourcing und Recruiting, Talent- und Learning-Management, Personal- und Nachfolgeplanung, Vergütung und Zielsteuerung sowie flexible Arbeits- und Laufbahnstrukturen;
- Gewichtung und Investitionsbereitschaft in Aus- und Weiterbildung, in Best-Practice-Besetzungen und Veränderungs-Projekte;
- Abbildung von Diversity in den Top-Besetzungen und in der Mitarbeiterstruktur, in der internationalen Vernetzung und der Inklusionsfähigkeit.

Hierzu braucht es ein Topmanagement, das vorbildhaft ein inspirierendes Führungsverhalten zeigt, verbunden mit der professionellen Wahrnehmung der Talent- und Performance-Prozesse für den eigenen Mitarbeiterkreis.

Architektur erfolgreicher Transformationsprozesse

Veränderungen finden in Unternehmungen auf allen Ebenen statt. Sie reichen von Unternehmensintegrationen und -abspaltungen über die Umsetzung neuer Strategien und Geschäftsmodelle, Organisations- und Prozessoptimierungen bis zur Anpassung der Mitarbeiterstrukturen. Veränderungen fokussieren sich unter anderem auf

- neue Produkte/Dienstleistungen und ihre Produktions-, Einkaufs- und Logistikprozesse,
- die Konkretisierung von Expansions- und Wachstumsstrategien,
- Effektivitäts- und Effizienzsteigerungen in ressourcenintensiven Strukturen und Prozessen,
- Output-Steigerungen in Innovations-Pipeline und Account-Management,
- neue Guidelines, Werte und Kompetenzanforderungen.

Zahlreiche Analysen von weniger erfolgreichen oder gescheiterten Veränderungsprojekten zeigen: Neben markttauglichen und wettbewerbsadäquaten Modellen und Konzepten sind die Umsetzung auf der Prozessebene, die Befähigung der Mitarbeiter in den relevanten Jobgruppen und nicht zuletzt die Akzeptanzsicherung und idealerweise positive Veränderungsbegleitung auf allen Mitarbeiterebenen erfolgsentscheidend (siehe Abb. 16).

Abb. 16: Ableitung von Schlüsselfaktoren aus den Chancen und Risiken   Quelle: Kienbaum

Erfolgversprechend im Sinne der Umsetzung ist dabei ein vollständig integriert geführter Prozess zur nachhaltigen Verhaltensveränderung: Er sollte zwingend die Transformationsebenen Menschen und Kompetenzen, Organisation und Steuerung, Prozesse und Systeme sowie Ausrichtung und Strategie gleichberechtigt von Anfang an berücksichtigen und maßgeschneidert für das jeweilige Unternehmen mit seinen spezifischen Rahmenbedingungen designt werden.

Gestaltungsdimensionen im Veränderungsprozess

Abbildung 17 veranschaulicht eine beispielhafte Ausbalancierung von Gestaltungsdimensionen im Veränderungsprozess.

Jede Festlegung in Bezug auf die Projektlaufzeiten, Investitionen, Modellklarheit, Akzeptanz und Umsetzbarkeit auf der Technologie-, Kompetenz- und Verhaltensebene stellt eine Optimierung dar. Deshalb sollte das Kernteam eines Transformationsprozesses aus Business-, Strategie- und Organisations- und Change-Experten sowie Experten aus dem Bereich BTM und IT bestehen. Demgegenüber verfangen sich fraktale, sequenzielle oder additive Projektansätze in zahlreichen menschenbezogenen Fallstricken. Sie sind stärker auf der betroffenen Managementebene zu finden als bei Talenten/Potenzialträgern und Belegschaft. Bedingung ist allerdings, dass auf der Ebene von Talenten/Potenzialträgern und Belegschaft die Verunsicherung durch neue Arbeits- und Führungsstrukturen, veränderte Zielvor-

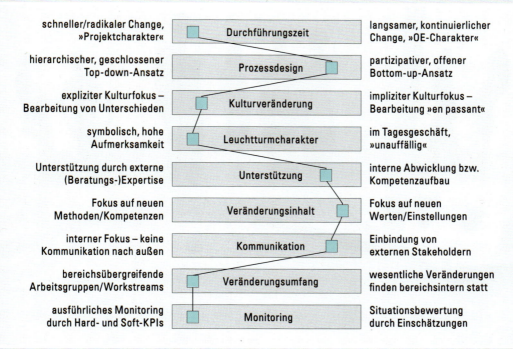

Abb. 17: Gestaltungsdimensionen im Veränderungsprozess Quelle: Kienbaum

gaben und Vergütung oder neue Kompetenzanforderungen frühzeitig und aktiv gemanagt wird. Wichtige Instrumente sind in diesem Kontext:
- Stakeholder-Analysen, Erwartungsmanagement und webbasierte Befragungen,
- unternehmensweite Kommunikation der Change-Agenda,
- Analyse der Change-Readiness mit Einstellungen, früheren Erfahrungen bzw. Erfolgen und relevanten Kompetenzen,
- Change-Cockpit mit nachvollziehbaren Erfolgskennzahlen,
- innovative und integrierte Workshop-Formate zu Konzeptionserarbeitung/-validierung und umsetzungsorientierter und mobilisierender Konkretisierung,
- enges fachliches Coaching und interner Best-Practice-Austausch in der akuten Umstellungsphase.

Neuausrichtung – Fokus auf Kompetenzen und Einstellungen

Im Rahmen jeder Transformation sind Jobgruppen/Positionen und deren Träger neu auszurichten – auf den Ebenen Positions- und Arbeitsziele, Kernaufgaben, Verantwortlichkeiten sowie fachliche und überfachliche Kompetenzanforderungen. Gravierende Neuausrichtungen erfordern zusätzlich meist die externe Rekrutierung kompetenter und veränderungserfahrener Schlüsselpersonen aus Vorbildbranchen und -unternehmen. Akzeptanz und Emotionen zu gewinnen hängt wesentlich von folgenden Faktoren ab:
- persönliche Nutzenbilanz der neuen Strukturen und Aufgaben,
- Akzeptanz der neuen Führungskräfte,

- qualifikationsorientiertes persönliches Empowerment/Unterstützungsfunktion,
- Laufbahnperspektiven im Spiegel der individuellen Karriere- und Lebensphasen-Planung,
- Überzeugung durch eigene Quick Wins oder andere »gewinnende« Bereiche,
- Kultur des Experimentierens und der Fehlertoleranz,
- Stärkenfokus bei der Entwicklung in anspruchsvolle Jobprofile,
- Förderung eines vertrauensvollen, kooperativen und motivierenden Managementklimas.

Das erfolgreiche Planen und Managen von Transformationsprozessen ist die Königsdisziplin in der Entwicklung von Topmanagern. Sie erfordert neben Expertise und Kompetenzen, exzellentem Projektmanagement und handwerklich sauberer Re-Organisation eine höchst überzeugende persönliche Haltung von eigener Veränderungsbereitschaft, Toleranz und Integrität, Optimismus und Wirksamkeit. Interne und externe Change-Experten und ein integriert zusammengestelltes Projektteam sind eine unverzichtbare Unterstützung – ebenso wie ein klar auf Transformation ausgerichtetes Topmanagement-Team.

Dr. Walter Jochmann ist Vorsitzender der Geschäftsführung der Kienbaum Management Consultants GmbH, in der die Unternehmensberatungs-Aktivitäten der Kienbaum-Gruppe gebündelt sind. Seit 1999 ist er zudem Geschäftsführer in der Kienbaum Holding.

Markus Diederich verantwortet seit 2007 als Geschäftsführer bei Kienbaum Management Consultants (KMC) die Industriebranchen Manufacturing, Chemie/Pharma, Energy/Utilities, Health Care sowie den Bereich Public Management.

Florian Lang und Heiko Niedorff

Customer Relationship Management

Wissen, was Kunden wünschen

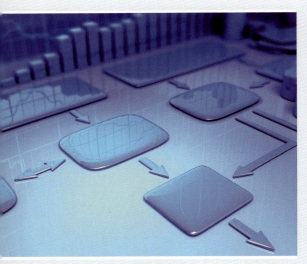

Deutsche Unternehmen lassen sich im IT-unterstützten Kundenmanagement Effizienzvorteile von bis zu 30 Prozent entgehen. Jede zweite CRM-Einführung bleibt hinter den ursprünglichen Erwartungen zurück oder scheitert gar. Der Grund: Viele Unternehmen nehmen umgehend die nächsten IT-Projekte in Angriff und vernachlässigen die Umsetzung strategischer Ziele bei gerade erst eingeführten Lösungen. Das zeigen Marktbeobachtungen der Business- und IT-Beratung Q_PERIOR.

Im Vertrieb droht bei vernachlässigten CRM-Systemen ein Teufelskreis. Denn nach der CRM-Einführung aufgelegte IT-Projekte verdrängen den Blick auf Mängel und Verbesserungen, die sich erst im täglichen Umgang mit dem neuen System ergeben. Darunter leidet insbesondere die Datenqualität, da viele Anwender auf manuelle Prozesse außerhalb der CRM-Umgebung ausweichen, um die erkannten Schwierigkeiten mit der eingeführten Software zu umgehen. Die Folge: eine weiterhin abnehmende Datenqualität, die dazu führt, dass das Management dem CRM-System gänzlich das Vertrauen entzieht. Neben operativen Einschränkungen verlieren die Unternehmen durch ein stiefmütterlich behandeltes CRM jedoch auch den Anschluss an ihre Kunden – professionelles Kundenbeziehungsmanagement lässt sich per Hand kaum realisieren. Zudem fehlt ohne abgestimmte IT-Unterstützung auf Prozessebene der Anknüpfungspunkt, um Unternehmensstrategien im Kundenkontakt umzusetzen. Das zieht unter Umständen ernste wirtschaftliche Konsequenzen nach sich.

Kundenstruktur analysieren

Marktanalysen belegen: In gesättigten Märkten sorgen nur 20 Prozent der Kunden für bis zu 80 Prozent des tatsächlichen Umsatzes eines Unternehmens. Die eigene Kundenstruktur zu kennen entwickelt sich vor diesem Hintergrund zu einer maßgeblichen Herausforderung, die sich mit einem professionell entwickelten CRM-System meistern lässt. Gefragt sind präzise Analysewerkzeuge, um Kunden zu segmentieren, aussagekräftige Informationen über die Wirtschaftlichkeit des eigenen Produktportfolios zu gewinnen und für eine nachhaltig hohe Loyalität zu sorgen – Kundenbindung ist vor allem im After-Sales-Bereich unverzichtbar und neben einer belastbaren Datenbasis von drei entscheidenden Erfolgsfaktoren abhängig:
- Exzellenz im Wissen über die Kunden,
- Exzellenz in kundenorientierten Prozessen,
- klarer und transparenter CRM-Strategie.

Den Unternehmen unterläuft jedoch häufig der Fehler, CRM-Lösungen ohne eine genaue Kenntnis der eigenen Prozesslandschaft und unabhängig von einer eigenständigen Strategie für das Kundenmanagement auszuwählen. Dabei gehören diese drei Aspekte eng zusammen und lassen sich kaum unabhängig voneinander realisieren. Schließlich sollen die IT-Systeme die zuvor definierten Prozesse wirksam unterstützen, statt technologische Machbarkeit über prozessorientierte Erfordernisse zu stellen.

CRM-Strategie entwickeln

In der Praxis genießt die Entwicklung einer CRM-Strategie zunächst höchste Priorität, um die Prozesslandschaft abzubilden und eine Blaupause für das CRM-System zu entwickeln. Denn aus der Unternehmensstrategie lassen sich zahlreiche Faktoren ableiten, die bei Nutzung und Auswahl des passenden CRM-Systems zu berücksichtigen sind. Beispiel: Soll es eher um eine preisorientierte oder um eine innovationsgesteuerte Marktpositionierung gehen? Direktversicherer haben beispielsweise andere Anforderungen an das CRM-System als Maklervertriebe, Online-Banken benötigen eine andere Prozessunterstützung als Institute mit großem Filialnetz. Diese Gedankenspiele lassen sich nahezu beliebig fortsetzen: Welche Servicestandards sollen gelten? Wodurch grenzt sich das eigene Angebot im Vergleich zu den Wettbewerbern ab?

Diese klassisch-strategischen Entscheidungen geben dem eigenen Unternehmensprofil eine unverwechselbare Kontur – und daraus ergeben sich kundenorientierte Prozesse, die von sämtlichen Abteilungen, vom Marketing über den Vertrieb bis hin zum After-Sales-Service, umgesetzt und verinnerlicht werden müssen. Auf dieser strategischen Basis erfolgt eine Analyse potenzieller Zielkunden sowie des bisherigen Kundenstamms mit Leitfragen zum Preisbewusstsein der Kunden, besonders häufig nachgefragten Services oder bevorzugten Kommunikationskanälen. Eventuell wünschen sich einige Kunden sogar, in die Entwicklung neuer Produkte mit einbezogen zu werden. Die Antworten auf diese Fragen lassen sich anschließend als Ziele definieren, über Kennzahlen operationalisieren und als Grundlage für eine kundenorientierte Ausrichtung der Prozesse verwenden (siehe Abb. 18).

Effektives Controlling etablieren

Ziele aus der CRM-Strategie abzuleiten und zu quantifizieren fällt mit einem vordefinierten Kennzahlensystem deutlich leichter. Mit geeigneten Messpunkten lässt sich beispielsweise das CRM-Ziel, die Kundenzufriedenheit im Customer Care Center zu erhöhen, auf messbare Einzelziele reduzieren: Erhöhung der telefonischen Erreichbarkeit um 10 Prozent oder die Reduzierung von Beschwerden im Antragsmanagement um 20 Prozent. Diese Einzelziele im weiteren Verlauf kontinuierlich im Blick zu behalten ist dann eine Controlling-Aufgabe, die eng mit den CRM-Maßnahmen des Unternehmens verknüpft werden muss. Auf diese Weise

Abb. 18: Entwicklung der CRM-Strategie.
Die CRM-Strategie muss klar und in allen Unternehmensbereichen transparent sein

Quelle: Q_Perior AG

gelingen eine nachhaltige Steigerung der Ergebnisqualität sowie der zielgerichtete Einsatz verfügbarer Kapazitäten. Damit ist die Brücke geschlagen, um im Rahmen der CRM-Strategie kundenorientierte Prozesse zu implementieren und fortlaufend zu optimieren. Der Schlüssel zum Erfolg steckt daher in messbarer Prozessqualität, die sich neben der Güte zusätzlich an Zeit und Kosten orientiert. Diese drei Dimensionen entscheiden über Erfolg und Misserfolg, wenn es um Neugestaltung oder Anpassung von kundenorientierten Prozessen geht.

Unterstützbare Prozesse identifizieren

Die Prozessqualität bestimmt sich maßgeblich durch qualitative Faktoren in Einzelprozessen, durch die ein bestimmtes Ziel erreicht werden soll. Beispielsweise lässt sich die reduzierte Beschwerdequote auf die Einzelergebnisse sämtlicher mit diesem Ziel verbundenen Prozesse herunterbrechen. Auf diese Weise erfährt das Unternehmen, welche Abwicklungsschritte sich am ehesten zu optimieren lohnen und an welcher Stelle sich IT-Investitionen schnell auszahlen. Prüffragen in diesem Sinne heißen etwa: Wie viel Zeit vergeht von der Bestellung bis zur Auslieferung? Wie schnell hat der Kunde Kontakt zu einem Ansprechpartner? Konnte das Anliegen bereits beim ersten Kontakt abgeschlossen werden oder musste nachgearbeitet werden? Wie gut ist der Kundenservice bei Antwortzeiten auf anderen Kanälen wie E-Mail oder in Social Media?

Im Sinne einer optimalen Umsetzung von CRM-Strategien kommt es darauf an, betroffene Fachabteilungen und die späteren Anwender aktiv einzubeziehen. Dringend benötigte CRM-Funktionen lassen sich damit am schnellsten identifizieren. Gleichzeitig steigt die Akzeptanz eines neu eingeführten oder nachträglich überarbeiteten CRM-Systems, da die Anwender im Tagesgeschäft von ihren eigenen Anregungen profitieren. Viele Unternehmen unterschätzen diesen Aspekt und verlassen sich häufig allein auf die Leistungsversprechen einer Software. Dabei hängt der CRM-Erfolg nahezu ausschließlich von einer bestmöglichen Nutzung ab.

Effizienz nachhaltig steigern

Auf Anwenderebene lässt sich der Nutzungsgrad und damit auch die Effizienz eines CRM-Systems nachhaltig steigern, wenn Eingabeprozesse benutzerfreundlich unterstützt und damit beispielsweise Außendienstmitarbeiter entlastet werden. Die Kennzahlen geben dabei Auskunft über verwaltende und produktive Zeiten, sodass die gewonnenen Informationen ebenfalls dazu genutzt werden können, Schwachstellen zu identifizieren und bestehende Prozesse zu verbessern. Eine wichtige Voraussetzung dafür stellt ein zentraler Datenspeicher dar, der sämtliche Informationen an einer Stelle vorhält und systemübergreifend verfügbar macht. Ist ein Vertriebsmitarbeiter etwa gerade zu einem Abschluss gekommen, lohnt sich ein automatischer Abgleich mit den Daten im CRM-System, um Kunden nicht in kürzeren Zeitabständen mehrmals anzusprechen. Dabei gilt: Je mehr Informationen zur Verfügung stehen, desto besser die abgestimmten Maßnahmen zur Kundenbindung – umfangreiches Wissen über die Struktur, das Verhalten und die Bedürfnisse der Kunden bildet die Basis für eine langfristige Bindung an das eigene Unternehmen.

Rundumblick auf den Kunden etablieren

Unter dem Stichwort »360-Grad-Sicht« lässt sich das aggregierte Wissen über die Kunden und ihre Wünsche zusammenfassen. Neben der Verwaltung dieser Informationen gehört es zu den Aufgaben eines CRM, diese Daten zu analysieren, um beispielsweise Kundensegmente zu erstellen und Kampagnen vorzubereiten. Kurzum: Es geht um die Generierung von Wissen für Kundenaktivitäten. Dies umfasst vor allem die systematische Informationssammlung zu jedem Kunden, die an sogenannten Kundenkontaktpunkten wie Marketing, Vertrieb, Service oder Social Media aktiv wird. Analytische CRM-Systeme dokumentieren die Aktivitäten und gewährleisten gleichzeitig, dass die Analysen einerseits unterschiedliche Blickwinkel auf den Kunden ermöglichen und andererseits alle datenschutzrechtlich relevanten Regelungen beachtet werden. Die abgeleiteten CRM-Maßnahmen und deren Auswertung fließen dann in den Datenbestand zurück und helfen dabei, künftige Kundenansprachen vorzubereiten (siehe Abb. 19).

Bei der Eingabe empfiehlt sich vor diesem Hintergrund ein eigenständiges Regelwerk, das die Qualität der Daten ebenso gewährleistet wie die Aktualität. Darüber hinaus erlaubt dieses Vorgehen, bereits im Unternehmen vorhandene Informationen in die neue Systemstruktur zu überführen. Denn häufig existieren historisch gewachsene Insellösungen für einzelne Bereiche, die eine einheitliche Sicht auf den einzelnen Kunden erschweren. Das CRM-System fügt diese Daten zusammen und überholt mit Hilfe des Regel-

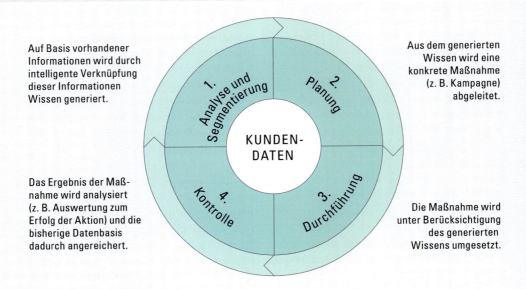

Abb. 19: Generierung und Nutzung von Wissen.
Closed-Loop-Ansatz zur Schaffung strategischer Mehrwerte und nachhaltiger Kundenbindung

Quelle: Q_Perior AG

werks veraltete, unvollständige oder falsch abgelegte Informationen. In der Praxis zeigt sich, dass allein die Neuordnung aller im Unternehmen vorhandenen Informationen bereits analytische Auswertungen erlaubt, die neues Wissen und neue Einsichten für die Kundenbindung mit sich bringen.

Kundenorientierte Prozesslandschaften schaffen

In gesättigten Märkten, die nur geringe Wachstumsperspektiven bieten, entscheidet eine fest im Unternehmen verankerte CRM-Strategie über Erfolg oder Misserfolg. Kundenwünsche und ein vertrauensvolles Verhältnis zum Anbieter stehen dabei im Fokus, um sich am Markt optimal zu positionieren und Kunden langfristig zu binden. Heutige CRM-Systeme bieten die für diese Aufgabe erforderliche Analysestärke. Gepaart mit einem zentralen Datenbestand, der das gesammelte Unternehmenswissen bündelt, schaffen sie die Grundlage für eine konkret am Kunden orientierte Prozesslandschaft und eine effektive Abwicklung.

Florian Lang ist Partner bei der Q_Perior AG. Seine Beratungsschwerpunkte sind IT-Vertriebsunterstützung, Vertriebswegemanagement, ganzheitliche Prozess- und Organisationsberatung, Test- und Einführungsmanagement sowie Projekt- und Großprojektmanagement.

Heiko Niedorff ist Manager bei der Q_Perior AG. Seine Beratungsschwerpunkte liegen in der Optimierung des Vertriebs- und Kundenmanagements, der Verbesserung von Vertriebs-, Marketing-, Einkaufs- und Serviceprozessen sowie im Projektmanagement.

Günter Krieglstein

Digitale Transformation

Wege in eine neue Epoche

Internet, Smartphones und Social Media integrieren das digitale Zeitalter bereits fest in unseren privaten Alltag. Vieles, was vor einigen Jahren undenkbar war, ist für uns schon zur Gewohnheit geworden: Wikipedia als Ersatz für den Brockhaus, eBay als virtueller Marktplatz, Google mit der Antwort auf alle Fragen oder persönliche Erreichbarkeit in fast jedem Winkel der Erde. Die digitale Evolution verändert aber nicht nur unser privates Umfeld. Vor allem für Unternehmen ändern sich Produkte und Leistungsportfolios sowie deren operative Geschäftsprozesse und der Umgang mit Geschäftspartnern fundamental.

Der Kontext »Unternehmen« wird durch die digitale Transformation komplexer und einem schnelleren Wandel unterworfen. Folglich wird es zunehmend schwieriger, die Konsequenzen für Handlungen und Entscheidungen im Blick zu behalten. Neue digitale Geschäftsmodelle versetzen jedoch Unternehmen in die Lage, Potenziale auf der Kunden-, der Produkt- oder Serviceseite, aber auch im operativen Bereich auszuschöpfen.

Teilweise schon heute, auf jeden Fall aber bald werden durchgängig digitalisierte Prozesse von Design und Entwicklung bis hin zum Kundenservice abgestimmte Informationen erzeugen und weiterverarbeiten. Flexible, teilweise virtuelle Fertigungs- und Logistikverbunde stellen die Produkte zeitnah, kostengünstig und in hoher Qualität her. Kann ich Werbeflächen als virtuelle Schaufenster mit QR-Bestellcodes ausstatten? Können Sensoren in der Produktion sofort kommunizieren, um selbstständig über einen Bauteiletausch zu entscheiden? Und warum nicht die Smart Factory immer voll auslasten, mit der Möglichkeit, völlig unterschiedliche Produkte darin zu fertigen, gespeist mit elektronischen Bauplänen aus der ganzen Welt?

Das ist nicht unrealistisch. Höchste Zeit also, sich mit der eigenen digitalen Geschäftsstrategie zu beschäftigen und deren Vorteile für die eigene Wettbewerbsposition festzulegen. Fest steht: Der kluge Einsatz von Informations- und Kommunikationstechnologien entscheidet künftig über Gewinner und Verlierer im Marktgeschehen. Zwar haben einige Unternehmen schon Forschungs- und Entwicklungsprojekte zum Ausbau der digitalen Fähigkeiten aufgesetzt. Viele sind aber dennoch kaum in der Lage, die Chancen optimal für sich zu nutzen sowie Wechselwirkungen abzuschätzen. Und es reicht nicht aus, pragmatisch Prozesse zu digitalisieren oder IT-Systeme zu transformieren. Es geht vielmehr um neue Ideen und wegweisende Geschäftsmodelle.

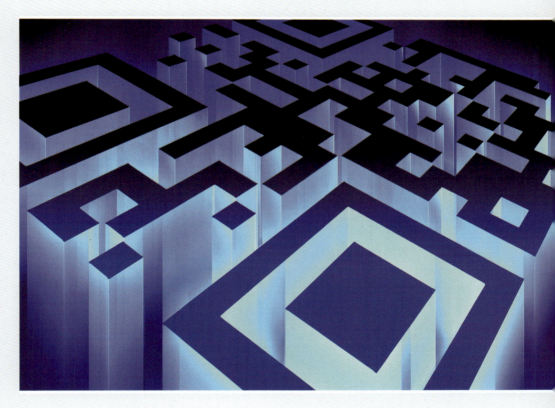

Navigator für digitale Transformation

Entscheidend ist daher ein Managementmodell, das die neue Komplexität der Vernetzung von Kunden, Produkten und Unternehmen abbildet und als Wegweiser im Kosmos der Möglichkeiten fungiert. Klienten sollten beim Aufbau ihrer Strategie sozusagen einen »Navigator« für die eigene digitale Transformation entwickeln. Er sollte transparent durch die »digitale Landkarte« führen, indem er den Veränderungsbedarf ganzheitlich in verschiedenen, jedoch stets miteinander zusammenhängenden Dimensionen plant (siehe Abb. 20).

Der »Strategic Impact«, also die Wirkung geplanter Maßnahmen, kann sowohl Ziele der Top-Line, also neue Umsatzpotenziale wie beispielsweise neue Geschäftsmodelle, neue Kundengruppen oder zusätzliche Produkte und Serviceleistungen, als auch die der Bottom-Line wie höhere Effizienz oder geringere Kosten adressieren. Die Realisierung erfolgt in drei Bereichen – den »Digital Fundamentals«: Diese Dimensionen der digitalen Transformation umfassen den Bereich »Kunde« mit neuen Vertriebskanälen und Kundenintegration, den Bereich »Produkte und Dienstleistungen« sowie den Bereich »Unternehmen« inklusive der Zusammenarbeit im internen und externen Kontext. Im Rahmen der »Digital Business Capabilities« gilt es dann, konkret zu definieren, wie in diesen Dimensionen die ITK schon vorhandene Geschäftsfähigkei-

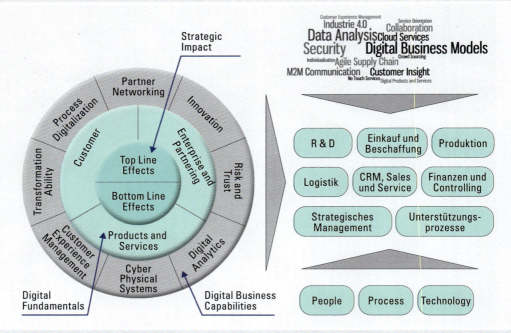

Abb. 20: Der Ansatz von Detecon zur digitalen Transformation
Der Navigator zur Entwicklung von digitalen Business Capabilities

Quelle: Detecon Consulting

ten mit dem jeweils noch erforderlichen Veränderungs- und Entwicklungsbedarf in Einklang bringen kann. Hier wird beantwortet, wie beispielsweise neue Analysemöglichkeiten in den Unternehmensbereichen werthaltig eingeführt oder die Logistikkette durch Partnernetzwerke erweitert werden kann. Auch die Transformationsfähigkeit des Unternehmens oder Themen zu Risiko und Vertrauen in neue ITK sind hier zu gestalten.

Letztendlich erlaubt der Navigator dem Unternehmen, im spezifischen Kontext des »Ökosystems« die einzelnen Dimensionen darzustellen sowie Wechselwirkungen abzuschätzen. Denn digitale Transformation ist weit mehr als reine Technologie – sie ist der Treiber zur Steigerung von Wertschöpfung und Performance im Unternehmen.

Drei Best Practices in den erwähnten Dimensionen zeigen beispielhaft, welche Chancen ein gut umgesetzter Navigator für digitale Transformation eröffnet und wie sich die entstehenden Umsetzungsherausforderungen beherrschen lassen.

Best Practice »Connected Car«

Die neue digitale Kundenansprache wird in Community- und Self-Service-Portalen von Modehändlern und Reiseveranstaltern schon konsequent umgesetzt. Jetzt ziehen auch die Autohersteller, die bisher wegen der zwischengeschalteten Händler nicht direkt mit Kunden kommunizierten, nach: Connected Cars, also vernetzte Fahrzeuge, treten mittels Infotainment-Systemen und Mehrwertdiensten direkt mit dem Fahrer in Kontakt. Denkbar ist beispielsweise, dass mittels Sensordaten der Wartungsbedarf von Verschleißteilen identifiziert und sofort ein Termin für einen Werkstattbesuch beim nächsten Vertragspartner angeboten wird. Vor allem dem Kundenbeziehungsmanagement verleiht dies neuen Rückenwind und unterstützt über Vertriebs- und Serviceorganisationen hinweg ein kundenzentriertes Customer Experience Management.

Die neuen Geschäftsmodelle der vernetzten Fahrzeuge zeigen jedoch auch, wie eng wirtschaftliche, technologische und partnerschaftliche Fragen miteinander verwoben sind: Es stellt sich nicht nur die Frage, wie Konnektivitätsmodule zu integrieren sind, damit Zustandsdaten im Rahmen von On-Board-Diagnosen für die intelligente Kundenkommunikation zur Verfügung stehen. Es ist auch zu klären, welche Infrastrukturinvestitionen die Autohersteller eingehen sollen, um Hardware-basierte Infotainment-Optionen anzubieten, oder ob es nicht einfacher wäre, alle Dienste aus einer Cloud heraus zu beziehen. Folglich wird sich das Automotive-Ökosystem für Partner öffnen: Neue und alte Marktteilnehmer aus der Elektronik-, Telekommunikations- und Softwareindustrie und sonstige Service-Provider bis hin zu Verkehrsbetrieben und Tourismus- und Freizeitanbietern werden sich künftig an der Wertschöpfung beteiligen.

Günter Krieglstein ist Managing Partner und Mitglied des Executive Board der Managementberatung Detecon International. Er verantwortet den Geschäftsbereich für Beratungsprojekte und Klientenbeziehungen in der Industrie.

Best Practice »Gesundheitsprävention«

Wie will der Endkunde künftig eine Welt der digitalisierten Produkte erleben? Daten und aus ihnen gewonnene Informationen sind in vielen Industrien inzwischen elementarer Teil der Wertschöpfung geworden. Damit stiften die Daten einen direkten Nutzen für die Kunden, und genau dies wird letztlich entscheidend für die Akzeptanz im Markt sein. Besonders in der Gesundheitsbranche wird dieser Kreislauf von Informationen zum Lebenselixier der neuen digitalen Produkte. Moderne Smartphones, verbunden mit drahtlosen Messgeräten, sind geradezu prädestiniert für die Gesundheitsprävention.

Auf der CeBIT 2013 stellten ein Krankenversicherer und ein Telekommunikationsanbieter das erste interaktive Online-Portal für Diabetiker vor. Da Diabetes Typ 2 gut steuerbar ist, wenn der Patient bereit ist, seine Gewohnheiten zu ändern, will das Portal in Kombination mit elektronischen Helfern spielerisch zu regelmäßiger Bewegung und einer ausgewogenen Ernährung animieren. Ausgestattet mit einem Schrittzähler, einem elektronischen Blutzuckermesser und einer Smartphone-App, testen die Teilnehmer selbst, wie sich ein Stück Kuchen oder Treppensteigen auf ihre Zuckerwerte auswirkt. Die Werte werden über eine gesicherte Datenverbindung automatisch per Smart-

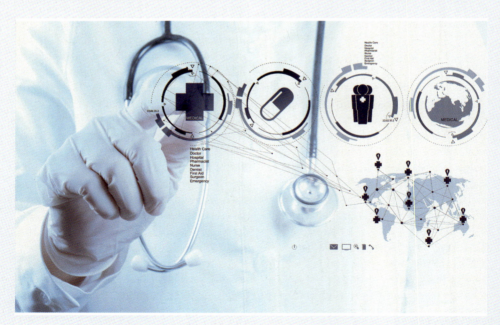

phone an das Diabetes-Portal übermittelt, können von den beteiligten Partnern ausgewertet und bei Bedarf mit Handlungsempfehlungen an den Patienten zurückgespielt werden.

Best Practice »Architecture & Capability Management«

Bei all den neuen Geschäftschancen erscheinen gleichzeitig die Zusammenhänge in der Regel äußerst komplex. Wie können Unternehmen die Auswirkungen digitaler Herausforderungen in ihrer eigenen Prozesslandschaft konkret prüfen und umsetzen?

Die Antwort lautet: Das als Basis nutzen, was bereits im Unternehmen vorhanden ist. Denn jedem Unternehmen wohnt eine Architektur inne – die Logik, die Geschäftsprozesse und Technologie organisiert, die allerdings den Handelnden nur allzu selten transparent ist. Um zu verstehen, ob und wo neue digitale Geschäftsideen sinnvoll umsetzbar sind, ist ein Gesamtbild hilfreich, das die Sicht der Akteure von der Strategie bis zum Betrieb mit genau der Detailtiefe ausstattet, die jeweils wichtig ist. Der Schlüssel liegt in einer modularen Fach-, IT- und Technologie-Architektur, die alle Ebenen über definierte Fähigkeiten, Dienste und eine standardisierte Datenbasis miteinander verknüpft. Um eine IT-Landschaft zu entwickeln, die schnellere Produktions- und Entwicklungsprozesse sowie die agile Integration von Partnern ermöglicht, sollten Unternehmen ihre Prozesse auf Basis von Geschäftsfähigkeiten planen. Jede dieser Business Capabilities umfasst verschiedene Dimensionen für Menschen, Material und Prozesse. Bei der Definition können Projektgruppen dann zum Beispiel feststellen, welche Unternehmensprozesse mit standardisierten und integrierbaren Fach- und IT-Modulen abbildbar sind und wo Änderungsbedarf vorliegt.

Der Ansatz, passend zur jeweiligen Situation jederzeit erfolgreich auf Capability Maps und ein transparentes Enterprise Architecture Management zurückgreifen zu können, soll ein Unternehmen befähigen, in kurzer Zeit Auswirkungen von Veränderungen zu bewerten.

Der Nutzen wird entscheiden

In der neuen, gerade beginnenden Ära der digitalen Transformation zeichnen sich erfolgreiche Unternehmen dadurch aus, dass sie die Chancen, die sich durch moderne Informations- und Kommunikationstechnologien ergeben, konsequent nutzen und in den beschriebenen Dimensionen »Kunde«, »Produkt und Service« sowie »Unternehmen« ihre Positionierung im globalen Markt finden. Unternehmen werden in Zukunft daran gemessen, wie sie die sich ändernde Welt laufend mit schlüssigem Nutzen aufladen. Letzten Endes wird der generierte Mehrwert entscheiden.

Klaus Dieterich und Darya Nassehi

Globales Ressourcenmanagement

Wie die Steuerung internationaler Projekte gelingt

International präsent zu sein gehört für produzierende Unternehmen mittlerweile zu den geschäftskritischen Grundvoraussetzungen. Wirtschaftlicher Erfolg ist ohne Einbindung in internationale Wertschöpfungsstrukturen heute kaum noch denkbar. Kein Wunder also, dass im Zuge der fortschreitenden Globalisierung immer neue Netzwerke mit teilweise äußerst komplexen Beziehungen entstehen.

Fakt ist allerdings auch: Mit wachsender Ausbreitung und Komplexität dieser Netzwerkstrukturen nimmt das Risiko extrem zu, sich darin zu verstricken. Die Unternehmen fangen an, sich zu verzetteln, sie verlieren die Übersicht, und mit den gewachsenen Strukturen fällt es ihnen zunehmend schwerer, so schnell, effizient und flexibel zu agieren, wie der globalisierte Wettbewerb dies erfordert.

Irgendwann kommt auf dem Weg ins Global Business der Punkt, an dem die klassischen Strukturen und Prozesse nicht mehr so recht greifen. Dann heißt es, die Organisation stärker projektorientiert aufzustellen, neue Netzwerkbeziehungen zu knüpfen und diese auf Effizienz zu trimmen – über unterschiedliche Sprachbarrieren, Kulturen und Kontinente hinweg. Viele mittelständische Unternehmen sind mit dieser Aufgabe überfordert. Da fehlt es am Personal genauso wie an Know-how und den einschlägigen Erfahrungen, um sich in solchen Netzwerk-Strukturen erfolgreich zu bewegen und die oft weltumspannenden Wertschöpfungsgeflechte effizient zu steuern.

Sicher ist: Wer mit einem solchen Geflecht anspruchsvoller, hochkomplexer Projekte keinen Schiffbruch erleiden will, muss sein Projektmanagement und die Ressourcensteuerung perfekt im Griff haben.

Fallstricke und Erfolgsfaktoren im globalen Ressourcenmanagement

In globalen Projekten zählen Planung und Steuerung der einzusetzenden Projektressourcen zu den besonders anspruchsvollen Aufgaben. Folgende Punkte sind nach unserer Erfahrung dabei »erfolgskritisch«:
- einheitliche Planungssystematik für die Ressourcensteuerung,
- professionell erstellte Projekt-/Programmpläne,
- zielführende Strukturen und verbindliche Standards,
- Qualifikation des Projektleiters.

Einheitliche Planungssystematik

Zunächst gilt es, verbindlich festzulegen, nach welchem generellen Ansatz die Projektressourcen geplant werden sollen. Anschließend ist sicherzustellen, dass dann auch weltweit einheitlich nach den verabschiedeten Systematiken geplant wird. Mit unterschiedlichen Planungsansätzen ist eine optimale Ressourcensteuerung im globalen Rahmen nicht zu gewährleisten.

Grundsätzlich muss auch eine Einigung darüber herbeigeführt werden, ob die Ressourcen für das globale Projekt zentral geplant werden oder ob dies dezentral aus der Linie heraus erfolgen soll. Viel spricht nach unserer Erfahrung dafür, diese Entscheidung primär von der Größe und Komplexität des jeweiligen Unternehmens und seiner Geschäftscharakteristik abhängig zu machen. Ein mittelständisches Industrieunternehmen mit beherrschbarer Geschäftskomplexität und weltweit vielleicht drei, vier Standorten kann die Ressourcenplanung auch für ein globales Projekt durchaus dem verantwortlichen Projektleiter überantworten. Bei großen globalen Entwicklungsprojekten, wie sie etwa für die Automobilindustrie typisch sind, ist diese Variante eher nicht zu empfehlen. Immerhin müssen in solchen Projekten fast immer mehrere Hundert Personen unterschiedlicher Funktionen über etliche weltweit verteilte Standorte, interkulturelle Grenzen und Sprachbarrieren hinweg effizient und auf ein gemeinsames Ziel hin ausgerichtet optimal zum Einsatz gebracht werden.

Für welchen Planungsansatz man sich auch entscheidet – ob zentral oder dezentral, nach Personen oder nach Ressourcengruppen: unerlässlich ist es, dem Planer zeitnahe Feedbacks aus den Projekten zu geben. Ohne diese Rückmeldungen ist es schlechterdings nicht möglich, Projekt-Änderungen planerisch zu berücksichtigen und eine optimale Ressourcenplanung zu gewährleisten. Mit der Größe des zu planenden Projekts wird im Übrigen nicht nur die eigentliche Planungsherausforderung »sportlicher«. Auch die Anforderungen an die informationstechnische Unterstützung der Ressourcenplanung werden größer: eine zentrale globale Projektressourcen-Planung einzuführen be-

Darya Nassehi ist Geschäftsführer TMG Consultants GmbH. Er ist spezialisiert auf die Bereiche Strategie, Technik und Finanzen.

Klaus Dieterich ist Geschäftsführer TMG Consultants GmbH. Er ist spezialisiert auf Prozess- und Systemoptimierungen in Logistik und Produktion.

deutet immer auch, ein kleines bis mittleres IT-Projekt aufsetzen zu müssen. In den Projekt- und Ressourcenplanungen wird dieser Aufwand häufig unterschätzt.

Professionalität der Projektplanung

Projekt- und Ressourcenpläne sind in vielen Fällen viel zu oberflächlich gehalten – auch weil die diversen Projektaktivitäten nicht »sauber« und detailliert genug geplant werden. Bisweilen ist es geradezu erschreckend, nach welchen Plänen mancherorts gearbeitet wird. Dabei lassen sich mithilfe einfacher Standard-Tools Hunderte von Aktivitäten und Arbeitspaketen mit relativ wenig Aufwand strukturiert darstellen und in transparenter Form zusammenfassen.

Problemverschärfend kommt hinzu: Pläne werden oft nicht aktualisiert, Änderungen im Projektfortschritt nur unvollständig oder gar nicht berücksichtigt. Auf einen Nenner gebracht bedeutet dies: viele Projekte werden ohne echten, realistischen Plan gefahren.

Im Zuge der Internationalisierungsaktivitäten müssen die Unternehmen fast immer eine Vielzahl unterschiedlicher Projekte gleichzeitig betreuen und die dazu erforderlichen Ressourcen global bereitstellen. Mangelt es den Plänen an der erforderlichen Genauigkeit, lassen sich die Wirkzusammenhänge zwischen den einzelnen Bestandteilen des globalen Projekte-Programms nicht mehr klar und eindeutig erkennen. Damit aber fehlt eine wesentliche Voraussetzung für eine effiziente Gesamtsteuerung.

Zielführende Strukturen und verbindliche Standards

In globalen Projekten wird häufig mit einer viel zu großen Anzahl unterschiedlicher Methoden, Tools und Herangehensweisen gearbeitet. Selbst bei mehreren Standorten im gleichen Land kommt es durch unzureichend standardisierte Vorgehensweisen im Projektmanagement immer wieder zu Fehlentwicklungen und Missverständnissen. Müssen dann auch noch Standorte in Asien oder Südamerika mit wieder anderen Projektmanagement-Attitüden mit eingebunden werden, passt vieles gar nicht mehr zusammen.

Ohne eine gewisse Form von Standardisierung gerät globales Projektmanagement zu einem Vabanquespiel. Es kann gut gehen. Die Wahrscheinlichkeit, sich zu verzetteln und letztlich zu scheitern, ist indes immer evident.

Plakativ formuliert gilt: Standardisierung muss man leben. Diese Forderung bezieht sich sowohl auf das Vorgehen im Projekt als auch auf die Nutzung von Tools. Für das Managen komplexer Projekte gibt es eine unglaublich große Anzahl an Software-Systemen. Was Anzahl der Features, Preis und Anwendbarkeit betrifft, sollte sich für jedes Unternehmen etwas Passendes finden lassen. Ressourcenplanung und -management ist mit fast allen Tools möglich. Allerdings reicht es natürlich nicht, sich eine Projektmanagement-Software ins Haus zu holen und einzuführen. Ein solches System muss konsequent genutzt und diszipliniert angewendet werden. Gerade was die disziplinierte Nutzung im Projektalltag betrifft, gibt es nach unseren Erfahrungen bei vielen Unternehmen noch jede Menge »Luft nach oben«.

Qualifikation des Projektleiters

Ein globales Projekt zu leiten ist eine überaus anspruchsvolle Führungsaufgabe. Einen guten Projektleiter zeichnet daher nicht allein aus, dass er die Tools und Methoden des Projektmanagements aus dem Effeff kennt und in deren Anwendung erfahren ist. Vielmehr gelingt es ihm auch – ohne disziplinarische Führungsverantwortung zu besitzen –, die Projektmitarbeiter zu motivieren, einzubinden und sie dazu zu bringen, die geforderten Leistungen abzuliefern. Über diese Führungsfähigkeit verfügen in einem Unternehmen nicht allzu viele – zumal die betreffenden Personen auch noch einen gewissen Sympathiefaktor mitbringen und über eine natürliche Autorität verfügen sollten, unabhängig von ihrer allgemein anerkannten hohen fachlichen Qualifikation. Wie die Praxis immer wieder zeigt, mangelt es den meisten fachlich geeigneten Kandidaten an hinreichender Erfahrung im lateralen Führen – einer Kompetenz, der in globalen Projekten mit ihren interkulturellen Besonderheiten eine besonders große Bedeutung zukommt. Gerade in mittelständischen Unternehmen ist das Reservoir an prinzipiell geeigneten Kandidaten überschaubar. Die besten Leute sind nach vorherrschender Meinung in ihrer funktionalen Linienaufgabe unabkömmlich. Gerne wird daher der hoffnungsvolle Führungsnachwuchs mit der Leitung globaler Projekte betraut. Die meist noch relativ jungen Leute sollen die Chance erhalten, sich im internationalen Umfeld zu beweisen. Im Prinzip ist dagegen nichts einzuwenden. Dringend anzuraten ist in solchen Fällen allerdings, der Nachwuchsführungskraft einen erfahrenen Externen als Coach und Sparringspartner zur Seite zu stellen.

Nach aller Erfahrung ist es für mittelständische Unternehmen ohnehin sinnvoll, sich bei komplexen globalen Projekten umfassend betreuen zu lassen. Mangels ausreichender Anzahl an globalen Projekten lohnt es sich meist nicht, für solche Zwecke eine eigene Organisation aufzubauen und für den Bedarfsfall vorzuhalten. Andererseits lassen sich die mit globalen Projekten typischerweise verbundenen Herausforderungen auch nicht einfach »so nebenher« bewältigen. Professionalität in der Vorgehensweise und umfangreiche Praxiserfahrungen, wie man die zahlreichen, über den Globus verteilten Projekt-Aktivitäten effizient steuert und die Ressourcen optimal auf ein gemeinsames Ziel hin bündelt, sollten obligatorisch sein. Wer hier nicht auf passende Instrumente zurückgreifen kann, steuert praktisch im Blindflug.

Globale Projekte stehen zudem fast immer unter einem enormen Zeitdruck. Auch dies kann ein guter Grund sein, erfahrene Spezialisten von außen einzubinden: Professionelle Unterstützung kann in solchen Fällen entscheidend dazu beitragen, schneller ans Ziel zu kommen.

Sebastian Feldmann, Alexander Griesmeier und Dr. Carsten Hentrich

Innovation Management

Wachstum durch Innovation – was Dienstleistungen und (digitale) Geschäftsmodelle in Zukunft leisten müssen

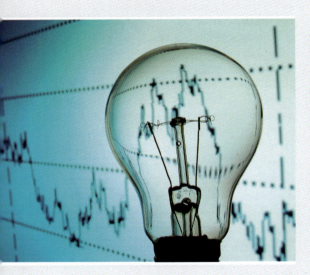

Unternehmen, die konsequent auf Innovation bei ihren Produkten, Dienstleistungen, Geschäftsmodellen und der Kundenansprache setzen, wachsen schneller, generieren mehr Umsatz und sind nachhaltig erfolgreicher. Diesen Zusammenhang zwischen Innovation und Unternehmenserfolg belegt die weltweit größte Studie ihrer Art, für die 1.757 Führungskräfte in 25 Ländern zu ihrem Umgang mit Innovationen befragt wurden. Die PwC-Studie »Breakthrough innovation and growth« kommt zu dem Ergebnis, dass die innovativsten Unternehmen in den kommenden fünf Jahren doppelt so schnell wachsen werden wie der Durchschnitt und dreimal so schnell wie die Innovations-Schlusslichter. Innovationen sind also ein zentraler Erfolgsfaktor für Unternehmen, um im globalen Wettbewerb zu bestehen – und ihre Bedeutung wird in Zukunft weiter steigen.

Die länderspezifische Auswertung »Innovation – Deutsche Wege zum Erfolg« macht deutlich, dass Unternehmen in

Deutschland bei ihrem Innovationsmanagement bereits sehr viel richtig machen. Sie setzen auf Open Innovation, also die Zusammenarbeit mit Partnern. Sie haben vielfach schon die nötigen strukturellen Voraussetzungen für erfolgreiche Innovation geschaffen und eine klare Innovationsstrategie definiert. Allerdings konzentrieren sie sich noch zu stark auf Produktinnovation – 44 Prozent der Unternehmen in Deutschland im Vergleich zu nur 29 Prozent der Befragten weltweit – und beziehen das Geschäftsmodell oder auch Services zu selten mit in ihre Innovationsüberlegungen ein. Gerade aber Dienstleistungs- und Geschäftsmodellinnovationen besitzen mit Blick auf den Megatrend Digitalisierung und den zunehmenden Anteil an Dienstleistungen an der Gesamtwertschöpfung (»Industrie 4.0«) einen zentralen Stellenwert (siehe Abb. 21).

Service-Innovationen – ein Schlüssel zu mehr Umsatz und Wachstum

Insbesondere in der Industriegüterbranche, die unter Preis- und Margenerosion im klassischen Produktgeschäft leidet, sind innovative Service-Angebote ein wichtiger Schlüssel für nachhaltige Profitabilität. Denn die Kunden scheuen hohe Investitionen und reagieren sehr preissensibel. Sie fragen vermehrt nach Dienstleistungen, um die Leistung und Lebensdauer ihrer Maschinen zu steigern und eine Investition in neue Anlagen möglichst weit in die Zukunft zu verschieben.

Die Service-Qualität beim Verkauf neuer Produkte wird zudem immer wichtiger. Das belegt eine Umfrage des Verbands Deutscher Maschinen- und Anlagenbauer. 85 Prozent der Befragten bezeichneten den Einfluss des Service auf ihre Kaufentscheidung als stark oder sehr stark. Fast zwei Drittel der Kunden wechseln aufgrund schlechter Services.

Unternehmen mit einem hohen Reifegrad ihres Servicebereichs – sogenannte Servicegestalter – erreichen eine deutlich bessere und stabilere finanzielle Performance als »Serviceverwalter«. Professionelle Strukturen im Service-Portfolio, in der organisatorischen Einbindung des Service und in der Aus- und Weiterbildung der Service-Mitarbeiter erhöhen die Service-Qualität und führen zu mehr Kundenloyalität. Nach dem Motto: Die

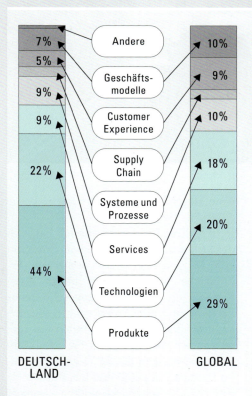

Abb. 21: Innovationsschwerpunkte der Unternehmen 2013/2014

Quelle: PwC-Studie »Innovation – Deutsche Wege zum Erfolg«, September 2013

Geschäftsmodell-Innovationen als Wachstumstreiber

Traditionell setzen deutsche Unternehmen besonders bei ihren Produkten und Technologien auf Innovationen. Überproportionale Wachstumschancen ergeben sich allerdings in einem weiteren Bereich: bei der Anpassung des Geschäftsmodells. Unternehmen sollten den Mut haben, ihr komplettes Geschäftsmodell auf den Prüfstand zu stellen. Denn um sich von der Konkurrenz positiv abzusetzen, müssen sie einen strategischen Wettbewerbsvorteil bieten.

Bei der Geschäftsmodellinnovation geht es nicht darum, Bestehendes besser zu machen, sondern etablierte Geschäftsmodelle bewusst infrage zu stellen. Das haben viele deutsche Unternehmen erkannt. Die PwC-Studie zeigt, dass sie mit Innovationen ihres Geschäftsmodells eine höhere Gewinnerwartung verknüpfen als mit innovativen Produkten oder Dienstleistungen.

Hilti und IKEA – zwei Beispiele für innovative Geschäftsmodelle

Wie kann eine erfolgreiche Geschäftsmodellinnovation in der Praxis aussehen? Hilti und IKEA machen es vor: Die beiden Unternehmen haben ihre Wertschöpfungsketten grundlegend verändert und daraus einen Vorteil für den Kunden und für sich selbst erreicht. Hilti hat mit seinem Fleet Management aus den Kundenwünschen gelernt und bietet neben dem Kaufmodell auch ein Leasing-Modell für seine Geräte an, um sich eine Vorteilsposition am Markt zu verschaffen. Das zusätzliche Nutzenversprechen für den Hilti-Kunden ist einfach: jederzeit ein einsatz-

erste Maschine verkauft der Vertrieb, die zweite der Service.

In führenden Unternehmen hat sich der Stellenwert des Service vom Stiefkind zum Margenretter bereits vollzogen. Erfolgreiche Servicegestalter bieten ihren Kunden ein individuell zugeschnittenes Portfolio und eine Preisstruktur, die sich am erbrachten und vom Kunden wahrgenommenen Wert orientiert. Sie haben ihre Serviceleistungen häufig in einer organisatorischen Einheit gebündelt, mit der sie eigenständig im Markt agieren – gerade auch in Zeiten einer Stagnation oder Rezession. Damit sind sie in der Lage, Schwächen im eher zyklischen Produktgeschäft auszugleichen.

fähiges Werkzeug auf dem neuesten Stand der Technik. Mit dieser Geschäftsmodellinnovation steigerte Hilti nicht nur den Umsatz, sondern auch das Umsatzwachstum pro Kunde.

IKEA hat bekanntlich Wertschöpfungsstufen, die früher beim Möbelhandel lagen – Transport und Montage – auf den Kunden verlagert. Der Möbelkauf wird somit zum – kostengünstigen – Spontanerlebnis für den Käufer.

Buchstäblich unbegrenzte Möglichkeiten bei der Anpassung des Geschäftsmodells bieten die Technologien des digitalen Zeitalters. Unternehmen wie eBay, Google oder Apple haben den Siegeszug der Digitalisierung frühzeitig erkannt und zu einem Bestandteil ihrer Strategie gemacht. Ohne Internet & Co. wären diese Unternehmen nicht zu Global Playern aufgestiegen – oder sie würden überhaupt nicht existieren.

Digitalisierung ermöglicht Innovation, aber bedroht klassische Geschäftsmodelle

Wo große Chancen liegen, sind Gefahren meist nicht weit: Die neuen technischen Möglichkeiten wie Social Media, Mobility, Data Analytics und Cloud Computing ermöglichen innovative Geschäftsmodelle, die einerseits gute Wachstumschancen bieten, andererseits aber auch zur Bedrohung für traditionelle Geschäftsmodelle werden können.

Dass sich die Investition in digitale Geschäftsmodelle und Technologien auszahlt, ist unumstritten: Die digitale Wirtschaft in Deutschland wird nach Schätzungen des Bundesverbands Digitale Wirtschaft (BVDW) im Jahr 2014 bereits 120 Milliarden Euro umsetzen. Dennoch zögern viele traditionsreiche Unternehmen noch, ihr bestehendes Geschäftsmodell anzupassen oder neue Geschäftsmodelle zu etablieren. Und dies nicht ohne Grund, denn nur selten lassen sich Innovationen flexibel und unkompliziert auf ein traditionelles Geschäft übertragen. Erforderlich sind neben einem ausgeprägten Verständnis für neue Technologien auch eine genaue Kenntnis der eigenen Strukturen und Prozesse sowie ein gesundes Gespür für Markt und Kunden (siehe Abb. 22, Seite 118).

Die Chancen und Risiken der Digitalisierung sind sehr branchenspezifisch

Je nach Branche unterscheiden sich die Chancen und Risiken des digitalen Wandels erheblich. So reagieren Finanzinstitute auf den zunehmenden Wunsch ihrer Kunden beispielsweise mit der Bereitstellung mobiler Bezahl- und Bonussysteme. Medienunternehmen bieten ihren Nutzern die bislang in gedruckter Form verbreiteten Inhalte digital an – wobei die Frage der Bezahlung unterschiedlich gelöst wird. Im Online-Handel geht es darum, die hohen Retourenquoten zu senken. Bei dieser Aufgabe kann ein systematisches Retourenmanagement den entscheidenden Lösungsansatz bieten.

Um den Kundenbedürfnissen langfristig gerecht zu werden und den Anschluss an die Wettbewerber nicht zu verpassen, müssen Unternehmen auf die weit reichenden Entwicklungen einer digitalisierten Welt reagieren. Nur so können sie im digitalen Zeitalter überleben. Für den Großteil der Unternehmen heißt das: Sie müssen einen schnellen und effizienten Weg finden, sich neu zu justieren und Bestandsmodelle entsprechend digital zu transformieren.

Treiber	Heute	Morgen	Fragen
Kundenfokus	Produktfokus	Kundenfokus	Wie kann ich Kunden in die Produktentwicklung einbeziehen? Wie kann ich von Open Innovation profitieren? Wie kann ich individuelle Kundenbedürfnisse besser verstehen?
Konsumorientierung	Massenfertigung	Personalisierte Produkte und Services	Wie können Produkte individualisiert werden? Wie kann Mass Customization erreicht werden? Wie kann ich preisliche Wettbewerbsfähigkeit sicherstellen?
Serviceorientierung	Produktorientierung	Serviceorientierung	Wie kann ich Produkte mit digitalen Services erweitern? Welche Servicemodelle bieten sich für mich an? Welche Plattformen und Fähigkeiten werden benötigt? Wie kann »Internet der Dinge« genutzt werden?
Smart Enterprise	Integrierte Wertschöpfungskette / Funktionale und hierarchische Organisation	Offene Ökosysteme und Value Networks / Innovative Netzwerkorganisation	Wie sieht ein Wertschöpfungsnetzwerk im digitalen Zeitalter aus? Auf welchen Kernkompetenzen soll der Fokus liegen? Wie werden Kunden und Partner in ein Ökosystem integriert? Wie müssen Kernprozesse angepasst werden? Wie kann Co-Creation zur Produktentwicklung genutzt werden?

Abb. 22: *Veränderung der Geschäftsmodelle durch Digitalisierung*
Quelle: *PwC-Broschüre: »Digitale Transformation – Der größte Wandel seit der industriellen Revolution«*

Deutsche Innovationsführerschaft in Gefahr

Erfolgreiche Innovatoren zeichnen sich durch sechs Faktoren aus:
- eine klar definierte Innovationsstrategie,
- ein besonders hoher Anteil an radikalen und bahnbrechenden Innovationen,
- Erkennung der Möglichkeiten im Servicegeschäft und deren konsequente Ausnutzung,
- Nutzung einer größeren Vielfalt innovativer Geschäftsmodelle,
- verstärkte Zusammenarbeit mit Partnern,
- Aufbau der Zukunft auf den Möglichkeiten moderner Technologien.

Deutschland gilt als Innovationsland. Damit das so bleibt, müssen deutsche Unternehmen sich anstrengen. Denn viele Wettbewerber im Ausland investieren gemessen am Jahresumsatz deutlich mehr in Innovationen. Entsprechend hoch ist der Druck, auch klassische Geschäftsmodelle zu hinterfragen, anzupassen und in neue (digitale) Modelle einzuarbeiten.

Sebastian Feldmann ist Partner bei PwC und berät Unternehmen im Innovationsmanagement sowie in optimaler Produkt- und Service-Entwicklung.

Alexander Griesmeier ist Director bei PwC und spezialisiert auf die Beratung zum Thema Strategie und Veränderung der Geschäftsmodelle.

Dr. Carsten Hentrich ist Director bei PwC und Experte für digitale Transformation von Unternehmen.

Peter Jumpertz

IT-Management

Zwischen allen Stühlen

»Typisch IT – ohne sie geht heute gar nichts mehr, mit ihr aber auch nicht.« So äußern Führungskräfte ihre Frustration im Umgang mit »der IT«. IT-Systeme spielen in allen Branchen inzwischen eine Rolle im Wettbewerb um den Kunden. Aber statt gemeinsam das Unternehmen weiter nach vorne zu bringen, ergehen sich Fachabteilung und IT-Bereich in gegenseitigen Schuldvorwürfen. Der Machtkampf verdrängt die strategische Ausrichtung. Zwischen den Fronten steht das Top-Management, das zunehmend genervt auf die Situation reagiert. Outsourcing scheint schließlich der letzte Ratschluss zu sein. Aber dadurch wird das Problem nicht gelöst, sondern nur vertagt. Das Geschäft leidet darunter. Versachlichen wir das Thema und betrachten den Wert, den die Informationstechnologie für ein Unternehmen hat!

Ebbe und Flut der Organisation

Diskussionen über die Organisation kehren regelmäßig auf die Agenda des Top-Managements zurück. Im Mittelpunkt steht die Frage, Entscheidungskompetenz und Verantwortung entweder zu zentralisieren oder näher am Markt anzusiedeln.

Eigentlich sollten solche Richtungswechsel abhängig vom Unternehmensumfeld, also von Wettbewerb, Innovation, Technologie und anderen sein. Ein Blick auf dieses Umfeld zeigt aber, dass dort die Veränderungen nicht einmal annähernd so regelmäßig auftreten wie das stete Pendeln zwischen zentraler und dezentraler Macht. Dies lässt den Rückschluss zu, dass das Organisationspendel eher ein Ausdruck politischer als strategischer Überlegungen ist. Vermutlich haben wir es im Kern mit einer wiederkehrenden prinzipiellen Unzufriedenheit mit dem Ist-Zustand zu tun. Auch in der IT-Funktion ist der rhythmische Tidenhub spürbar (siehe Abb. 23).

In Zeiten, in denen weder Kosteneffizienz noch Umsatz ohne Informationssysteme vorstellbar ist, muss man fragen, ob dadurch nicht erheblicher Wert vernichtet wird. Auf den ersten Blick scheint der Wechsel von fachbereichsnaher zu fachbereichsferner Entscheidungskompetenz stark technologiegetrieben abgelaufen zu sein. Dies ist aber nicht der Fall. Denn jede Technik, jedes IT-System kann sowohl zentral als auch dezentral wirtschaftlich betrieben werden. Der Beweis: Bei den schwerfälligen Computersystemen der 1960er Jahre waren erhebliche Kostenvorteile durch zentrale Betriebssteuerung zu erzielen, so wie bei den Mainframe-Rechenzentren der 1970er Jahre. Dennoch hatten in den Sechzigern die Fachbereiche und Sparten die Hoheit über die Systeme, anders als in den Siebzigern.

Es ist vielmehr so, dass die spezifische Applikation der IT anzeigt, wer die Macht der Technologie am besten für sich nutzen kann. Dies wird deutlich am Übergang von der Phase »PC at the Gate« über »Client-Server World« zum »Outsourcing Hype«. »Client-Server«-Technik war die Antwort der IT-Hersteller auf den Verlust der Einkaufsmacht der zentralen IT-Bereiche in den Konzernen. Man gab mit der »Client-Server«-Technik seiner Klientel ein Werkzeug an die Hand, zentrale Entscheidungskompetenz für IT-Strategie,

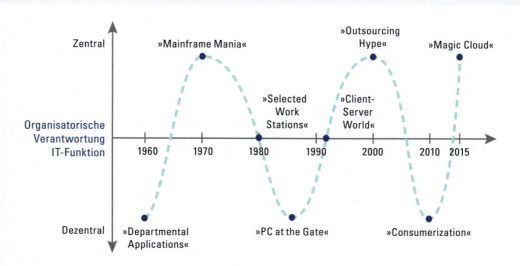

Abb. 23: Markante Phasen der Steuerung der IT-Funktion in Konzernen   Quelle: Theron

-Architektur und -Systeme vor dem Top-Management wieder einzuklagen. Das vorübergehende Aufflackern der »Thin Client«-Diskussion ab ca. Mitte der 1990er Jahre war der untaugliche Versuch der Mainframe-Generation, den PC nachhaltig von den Tischen der Nutzer zu verdrängen.

Heute ist es wieder so weit. Der Macht der Nutzer, die mit leicht zu bedienenden Geräten und frei verfügbaren »Apps« aufkeimt, setzt der CIO-Bereich die Risiken der »Cloud« entgegen und ruft nach »Governance«. Sicherheitsfragen und Bedenken bezüglich Datenredundanz und Systemineffizienz werden einem dezentral organisierten IT-Gemischtwarenladen entgegengehalten. Welche Seite Recht bekommt, ist noch offen.

Wunschkonzert im Niemandsland

Wir ziehen aus dieser Beobachtung zwei Schlussfolgerungen. Sie haben mit der Eigenart der IT-Funktion an sich zu tun:

»Wunschkonzert« – die Informationstechnik stellt in ihrer Rolle als Kommunikationsinstrument in Unternehmen immer eine Kombination aus zentralarchitektonischen und dezentral orientierten Komponenten dar. Das heißt, dass man unabhängig von der Technik über die Verteilung der Entscheidungskompetenz entscheiden kann.

»Niemandsland« – das Pendel zwischen Zentralismus und augenscheinlicher Anarchie schwingt in der IT mit heftigeren Amplituden als bei anderen Schlüsselfunktionen. Die IT braucht im Durchschnitt etwa zehn Jahre von einer Amplitude zur nächsten. In dieser Zeit gewinnt jeweils eine Seite die »Lufthoheit« beim Top-Management.

Bauwerke der Unmöglichkeit

Als Folge daraus werden die Gräben zwischen »der IT« und »den Nutzern« im-

Abb. 24: Das IT-Dilemma – zunehmender Druck und abnehmende Freiheitsgrade   Quelle: Theron

mer breiter. Es mag so scheinen, als brächten »Web 2.0« und »Cloud« endlich die Parallelwelten zusammen. Aber genau das Gegenteil wird der Fall sein, denn der Freiraum für die ergebnisorientierte Gestaltung der IT-Funktion nimmt weiter ab (siehe Abb. 24).

■ »Top-Management-Malaise«: Das Top-Management findet nicht die Zeit, sich des Führungsproblems der IT anzunehmen. Denn es geht dabei um einen Veränderungsprozess, dessen Aufwand sich erst nach Jahren bezahlt macht.

■ »Captive Business«: Die Waffen der IT-Truppen werden immer schlagkräftiger. Die Buchhaltung konnte sich in den 1960er Jahren noch damit anfreunden, dass die Kernanwendungen nicht mehr vor Ort, sondern in Rechenzentren liefen. Die Programme waren ohnehin in ihrer Fachlichkeit eng durch Grundsätze ordnungsmäßiger Buchführung und Gesetzgebung eingeengt. Spätestens aber mit der Verbreitung des Outsourcing musste sich der Fachbereich vorkommen wie das Opfer eines Diebstahls. Man zahlte für etwas, das man nicht im Geringsten mehr bestimmen konnte. Man war im Kontrahierungszwang gefangen.

■ »Dug-out Warfare«: Umgekehrt sucht der Fachbereich nach Freiräumen, aus denen er den IT-Bereich heraushalten kann. Die »Schatten-IT« ist ein weit verbreitetes Symptom dysfunktionaler IT-Organisationen. Der CIO erhebt einen Anspruch auf dieses Hoheitsgebiet, sieht aber keine Möglichkeit der Übernahme. Die Bedingungen des »Waffenstillstands« für solche Gebiete wurden nie wirklich akzeptiert. Der Konflikt brodelt unter der Oberfläche.

■ »Big Bazooka«: Die Rolle der IT für den Unternehmenserfolg wächst mit fortschreitender IT-Durchdringung der Kernprozesse, und der Kampf um den Kunden wird härter. Daher steht für alle Beteiligten mehr auf dem Spiel. Die Diskussionen werden also mit größerer Härte geführt.

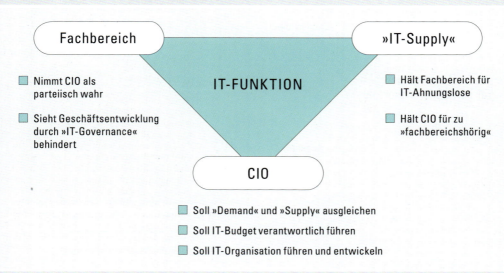

Abb. 25: Ständiger Balance- und Kraftakt mit unsicherem Ausgang   Quelle: Theron

Peter Jumpertz ist Partner bei der Theron Advisory Group. Im Laufe seiner Karriere hat er unter anderem Methoden und Techniken für Unternehmensbewertung, Strategieentwicklung und Systemanalyse mitentwickelt.

Das Dreieck des Magiers

Um ein solches Dilemma aufzulösen, bräuchte es die Fähigkeiten eines Magiers. Weil das Top-Management sich selbst diesen Akt nicht zutraut, wird der CIO-Bereich beauftragt, für Transparenz zu sorgen und die Brücke zwischen dem Geschäft und der IT zu schlagen. Kann er das in der Praxis wirklich leisten? Nein. Denn aufgrund seiner Position muss er einen ständigen und kräftezehrenden Balanceakt vollziehen (s. Abb. 25, Seite 123).

»On a Nation-Building Mission«

Die Ansage an IT und Fachbereiche muss lauten: Rauft euch zusammen! Wir können im Wettbewerb nur bestehen, wenn wir unsere Kräfte bündeln. Dafür gibt es drei Erfolgsfaktoren:

- »Involvement« des Top-Managements in den Prozess und in das Ergebnis. Das Top-Management sollte explizite Strukturentscheidungen treffen. Wer ist zukünftig wofür verantwortlich? Welche Entscheidungen sollten von Fachbereich und IT gemeinsam und welche jeweils von einer Seite in Eigenregie getroffen werden? Wie wird diese Organisationslogik in eine Budgetlogik übersetzt?

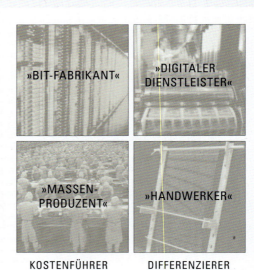

Abb. 26: Vier »IT-Genotypen« – mehr gibt es nicht
Quelle: Theron

- Setzen einer formalen Klammer über Fachbereich und IT in Form gemeinsamer Geschäftsziele. Damit einhergehen sollte die Abkehr von der weit verbreiteten Systematik funktionsspezifischer »Balanced Scorecards«.
- Anwendung einer wirksamen Methodik zur Entpolitisierung des Streits.

Zurückführen auf das Typische

Es braucht Methoden, die objektiv Lösungen aufzeigen und die Diskussion zwischen Fachbereich, IT-Leitung und Top-Management versachlichen. Theron zieht dazu allgemeingültige Geschäftstypen heran, die die beiden Merkmale »Wettbewerbsfähigkeit« und »Rolle der IT« kombinieren.

Theron unterteilt Geschäfte frei nach Michael E. Porter danach, ob sie über Kostenführerschaft oder über ausgefeilte Produkte und Dienstleistungen im Wettbewerb bestehen. Dann werden die Geschäfte nach der Bedeutung, die die IT-Funktion für den Geschäftserfolg hat, sortiert. Aus dieser Kombination erhält man eine einfache, sehr aussagefähige Matrix mit vier generischen Geschäftstypen, den »IT-Genotypen« (siehe Abb. 26).

Wie bei jeder Typisierung müssen zwei Aspekte berücksichtigt werden:
- Geschäfte lassen sich kaum eindeutig einem einzigen Typus zuordnen. Teilweise wird man einzelne Geschäftsfunktionen betrachten, um präzise Aussagen treffen zu können. Gerade in dieser Diskussion liegt einer der Vorteile einer Typisierung: Sie schafft Transparenz bezüglich der Fakten und der Grenzen!
- Die Welt ist dynamisch. Ein Geschäft, das heute zum Beispiel noch ein »Massenproduzent« ist, kann morgen schon ein »Bit-Fabrikant« sein.

Blickt man hinter die Typisierung, erkennt man eine Art Geschäftsarchitektur. Sie besteht aus einer bestimmten Form der Wertschöpfung, übersetzt in Geschäftsprozesse und Organisationsstrukturen. Ein Versicherungsunternehmen, das standardisierte Haftpflichtpolicen über Online-Vertriebskanäle verkauft, ist vollkommen anders aufbau- und ablauforganisatorisch strukturiert als ein »Finanzoptimierer« mit einem umfassenden Produktangebot und einem Feldvertrieb.

Es besteht also ein direkter Zusammenhang zwischen der Geschäftsarchitektur und der IT-Architektur. Informationssysteme bilden Geschäftssysteme ab – nicht mehr, aber auch nicht weniger! Von der IT-genotypischen Einordnung lassen sich Empfehlungen zum IT-Management ableiten, beispielsweise zum »Demand-Supply-Split«, zu den Kernprozessen der IT und vor allem zur angemessenen Verteilung von Entscheidungskompetenzen.

Solche Empfehlungen sind natürlich im ersten Schritt noch grob und unspezifisch. Sie bedürfen der Erläuterung und der weitergehenden Analyse. Die Typisierung ist ein Fundament, das auf neutralem Boden entstanden ist. Damit bekommt die Diskussion zwischen Fach- und IT-Bereich eine belastbare Basis.

Hans-Georg Scheibe

Manufacturing Excellence

Survival of the most perfect

Es steht noch nicht fest, ob der erste – menschliche – Marsbewohner ein Mann oder eine Frau, ein Bürger Chinas oder beispielsweise der USA sein wird. Mit Sicherheit wird es sich aber um jemanden mit einem ausgeprägten Hang zum Perfektionismus handeln. Denn wie bei allen Weltraummissionen zuvor hängt das Überleben im denkbar lebensfeindlichsten Umfeld von Effizienz – Aufgaben/Prozesse richtig machen – und Effektivität – die richtigen Aufgaben/Prozesse machen – ab: Keine Materialkomponente darf mehr wiegen als notwendig, keine Handlung mehr Ressourcen beanspruchen als einkalkuliert.

Allerdings muss man für diesen Anspruch gar nicht unseren Planeten verlassen. Aus der Perspektive der Industrie sorgt die hoch dynamische Globalisierung für sicheren Nachschub an überlebenskritischen Herausforderungen. Allein die sich dramatisch verkürzenden Produktlebenszyklen und die immer schärferen Wettbewerbsbedingungen zwingen Unternehmen dazu, ihre Organisations- und Prozessstrukturen immer weiter zu perfektionieren.

Entsprechend genau achten viele Unternehmen darauf, das komplexe Zusammenspiel von Produktentwicklung, Produktion und Distribution ständig zu verbessern. Unter dem Oberbegriff »Manufacturing Excellence« stehen einige Bausteine zur Verfügung, die teilweise sehr ähnliche Ziele verfolgen. Zum Beispiel, bereits in der Entwicklungsphase von Produkten eine günstigere Fertigungsweise und höhere Produktivität abzusichern. Oder im Produktionsprozess selbst die Stückkosten zu senken, etwa über schlanke Prozesse und richtige Automatisierung.

Das alles sind bewährte und kurz- und mittelfristig sehr effektive Wege zur Perfektion. Allerdings genügen sie nicht allein, um für das gesamte Unternehmen einen hohen Reifegrad bei der Potenzialnutzung zu erreichen. Denn Manufacturing-Excellence-Ansätze bewegen sich vorwiegend in den Bereichen Produktion und Montage, allenfalls noch der Produktionslogistik. Zeitgemäß ist aber ein Blick über den Tellerrand von Teilbereichen auf die gesamte Wertschöpfungskette. Dies leistet erst das Streben nach »Operational Excellence« oder »operativer Exzellenz«, wofür die ROI Management Consulting AG auch die Abkürzung OPEX benutzt. Dabei geht es vor allem um das Verständnis, Bestandteil eines Wertschöpfungskreislaufs zu sein und in jeglicher Position fortlaufend zu dessen Evolution beizutragen – sei es über Prozessstabilität, Verbesserungsideen oder über ein routiniertes Fehlermanagement. Im Vordergrund steht außerdem die Motivation, Wissen zu erwerben, zu teilen und über alle Fehlschläge und Erfolge hinweg zu neuer »Exzellenz« weiterzuentwickeln. Im Idealfall entstehen autonome Wertströme, die ganz auf Effizienz und Effektivität ausgerichtet sind. Und egal an welcher Stelle der Wertschöpfungskette Brüche oder Verbesserungspotenziale auftreten, schließen bzw. nutzen die zuständigen Mitarbeiter diese im Idealfall direkt und ohne Intervention des Managements.

Mit OPEX über die Produktion hinausschauen

Gängige Modelle von Produktionssystemen konzentrieren sich meist darauf, Produktions- und Logistikprozesse nach den bewährten Prinzipien Takt, Fluss, Pull und Null Fehler zu verbessern. Das greift jedoch deutlich zu kurz. Die Unternehmensberatung ROI hat daher einen ganzheitlichen Ansatz entwickelt, der das klassische Verständnis von Produktionssystemen deutlich erweitert. Dabei stehen drei Aufgaben im Vordergrund: erstens die ständige Kontrolle und Verbesserung der Prozesseffizienz, zweitens die Neuausrichtung der Organisations- und Führungssysteme und drittens die Motivation und Qualifikation der Mitarbeiter (siehe Abb. 27, Seite 128).

OPEX erweitert diesen Ansatz über die Produktionsperspektive hinaus. Nicht nur, weil der Begriff wertfreier und philosophisch unbelasteter und damit in ganz unterschiedliche Anwendungsfelder leichter transportierbar ist. Der entscheidende Vorteil ist der größere Methoden-Baukasten, der Lösungen gegen steigenden Kostendruck, überlastete Kapazitäten oder mangelhaften Know-how-Transfer bereithält. Ein weiterer OPEX-Pluspunkt ist die Erkenntnis, dass gnadenloses »Cost-Cutting« oft nicht das Mittel der Wahl für Effektivitätssteigerung ist. Kosten sollen zwar auf ein vernünftiges, marktgerechtes Niveau sinken und dort langfristig gehalten werden. Sie sind aber nur einer von vielen weiteren Ansatzpunkten im Unternehmen, ohne dass es dazu Schlusspunkte im Sinne eines Projektabschlusses gibt. Trotzdem kann man die Ergebnisse von OPEX-Maßnahmen auch an harten Kennzahlen wie Umsatzrenditen oder Kundenreklamationen messen.

Vier Ansatzpunkte für operative Exzellenz

Bei der erfolgreichen Implementierung von operativer Exzellenz hilft es, zu verstehen, dass man operative Exzellenz nicht verordnen kann. Wie bei allen tiefgreifenden Veränderungen ist es einfach, dem Anspruch ständiger Verbesserung und Fehlervermeidung zuzustimmen – aber schwierig, dies auch tatsächlich zu tun. OPEX ist eine Einstellungssache, daher lohnt es sich, sich in der Umsetzung auf vier Erfolgsfaktoren zu konzentrieren:
- Management Commitment auf allen Hierarchieebenen,
- Integration der Mitarbeiter,
- Ergebnisorientierter Expertenaustausch,
- Maßgeschneiderte Tools.

Erfolgsfaktor 1: Management Commitment auf allen Hierarchieebenen

Das Top-Management zeigt in der Kommunikation und beweist im Han-

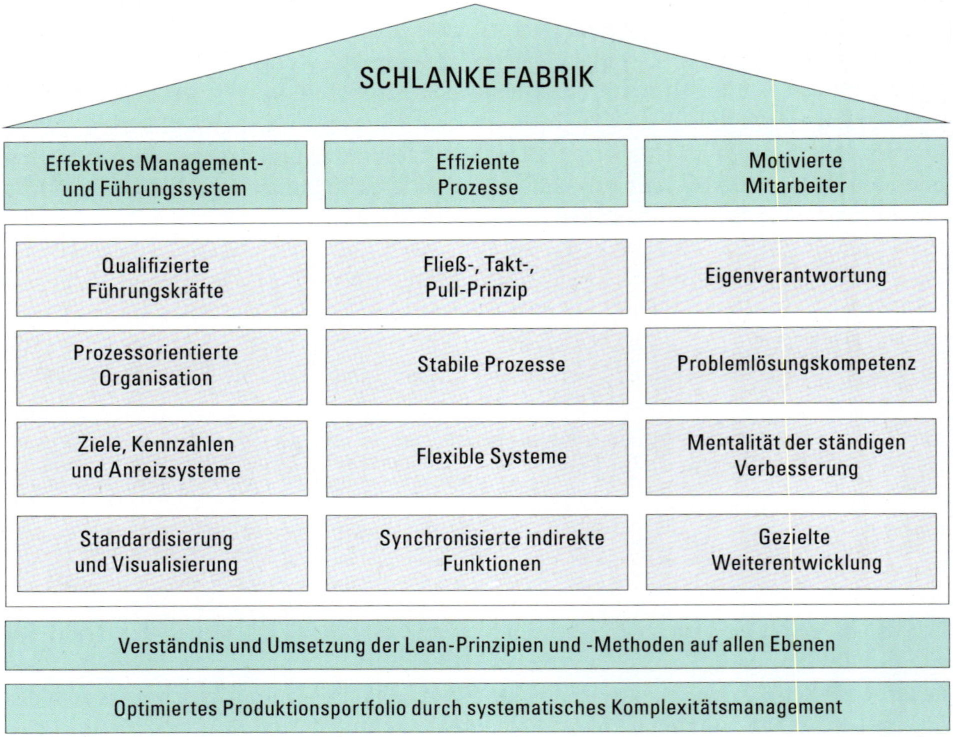

Abb. 27: Der Weg zu operativer Exzellenz in einem Unternehmen

Quelle: © ROI Management Consulting AG

deln, dass es zu 100 Prozent hinter OPEX steht. Es beobachtet außerdem, ob alle Führungsebenen den eingeschlagenen Kurs top-down mittragen, und scheut keine Konfrontation, falls dem nicht so ist. Schließlich gilt auch für die OPEX-Umsetzung, dass bei der Realisierung von Verbesserungschancen und der Fehlerbehebung keine Zeit zu verschwenden ist. Alle Führungskräfte sollten daher klare Ziele vorgeben, sich regelmäßig vergewissern, ob diese auch verstanden wurde, und Erfolge ebenso wie Fehler klar und unmittelbar kommunizieren.

Erfolgsfaktor 2:
Integration der Mitarbeiter

Die Lern- und Veränderungsbereitschaft der Mitarbeiter für operative Exzellenz sollte vom ersten Tag an gefördert werden. Denn fast jeder Mitarbeiter kann aus dem Stand Missstände oder Verbesserungspotenziale benennen. Leider sind die gängigen Erfahrungsmuster, dass genau dies unerwünscht ist beziehungsweise ohne nennenswerte Konsequenzen verpufft. Führungskräfte sollten also immer die enge Verbindung der kulturellen und der strukturellen Ebene im Auge behalten und dabei den abteilungs- und unternehmensübergreifenden Austausch suchen: Wie lässt sich die Produktqualität bei gleichzeitig fallenden Qualitätskosten nachhaltig steigern? Inwiefern macht das eine andere Fachabteilung, ein Auslandsstandort, ein Konkurrent oder ein Zulieferer besser?

Erfolgsfaktor 3:
Ergebnisorientierter
Expertenaustausch

Methodisch bewähren sich dafür immer wieder Best-Practice-Programme, in denen einzelne Mitarbeiter in Experten-Rollen den Know-how-Austausch über Unternehmens- und Ländergrenzen hinweg fördern. Experten können auch externe Berater mit speziellem Know-how sein, das nur zeitlich begrenzt in einem einzelnen Projektabschnitt benötigt wird. Und last but not least sind die Kunden die vielleicht wichtigsten Experten, die über Reklamationen oder das »Pull-Prinzip« einen direkten Einfluss auf Prozessverbesserungen ausüben sollten. Streng genommen ist also jeder Mitarbeiter und Kunde ein Experte für seine jeweilige Aufgabe – in der Hektik des operativen Alltages geht es folglich darum, den Informationsfluss all dieser Expertisen produktiv zum Zirkulieren zu bringen.

Erfolgsfaktor 4:
Maßgeschneiderte Tools

Den richtigen Schliff erfahren die gewählten Maßnahmen mit den passenden Tools, vor allem zur Strukturierung und Visualisierung des Informationsaustauschs. Ein sehr einfaches und sinnvolles Struktur-Tool ist die tägliche fünf- bis zehnminütige Absprache zur Performance. Hier sollte man ein gemeinsames Verständnis zu Zielen sicherstellen, konkrete Roadmaps prüfen, aber auch Raum für Ideen und Verbesserungsvorschläge schaffen. Zur Visualisierung von OPEX-relevanten Informationen eignen sich zum Beispiel in der Fertigung Schautafeln mit Kennziffern, die sich auf zeitliche Indikatoren und den Wertfluss konzentrieren.

Alle OPEX-Facetten nutzen

Wer einzelne Fertigungsabschnitte, Prozessabläufe seiner Supply Chain oder Kreationsphasen in der Entwicklung bis auf das kleinste Effizienz-Stellschräubchen analysiert, hat bereits einen meilen-

Hans-Georg Scheibe ist Vorstand der ROI Management Consulting AG. Er verantwortet dort die Themen Supply Chain Management, Business & IT-Alignment sowie Standortaufbau und -optimierung in Osteuropa.

weiten Vorsprung vor Wettbewerbern, die diese Prozesse noch mehr oder weniger dem Zufall überlassen. Wer den Zusammenhang zwischen diesen Elementen sieht und das für ständige Verbesserungen nutzt, lebt bereits eine operative Exzellenz.

Doch OPEX-Profis schaffen sogar mehr: Sie verändern Bereiche, die unterhalb des Wahrnehmungsradars liegen. Während sich traditionelle Optimierungsansätze grundsätzlich auf einzelne Funktionen fokussieren – Produktion, Einkauf, Vertrieb oder Entwicklung und Konstruktion –, entwickeln Unternehmen mit einem hohen OPEX-Reifegrad auch das Schnittstellenmanagement zwischen einzelnen Funktionsgliedern der Wertschöpfungskette kontinuierlich weiter. Denn gerade diese Schnittstellen erweisen sich häufig als Effizienz-, Qualitäts- und Kostenkiller. Unternehmerische Exzellenz zeigt sich also auch in der Fähigkeit, gute Ideen so über Abteilungsgrenzen hinweg zu vermitteln, dass sie zu einem Bestandteil der Unternehmenskultur werden.

Ein klassischer Ansatzpunkt hierfür ist zum Beispiel das Energie- und Ressourcenmanagement. Hier investieren einige Unternehmen punktuell viel Geld und Zeit, um »stille« Verschwendungen in Teilbereichen wie der Produktion zu vermeiden. Richtig lohnend ist aber nur der Blick auf das Gesamtbild: Gibt es Abläufe, die für sich genommen effizient sind, neu kombiniert aber Schnittstellen vermeiden und damit noch effizienter sein könnten? Werden Materialien als Abfall entsorgt, die man in anderen Bereichen recyceln könnte? Exakt in derartigen Fragestellungen liegt der Schlüssel zur Perfektion. Und da es immer neue Verbesserungsoptionen gibt, wird sich das auch in naher oder ferner Zukunft nicht ändern – zumindest auf unserem Planeten.

Prof. Dr. Roland Eckert und Harald Grübel

Produktnahe Beratung

Das Ende der Wettbewerbsvorteile

Der Wettbewerb scheint sich in den Köpfen der meisten Entscheider noch immer in der klassischen Branche abzuspielen. Die wesentlichen Wettbewerber sind hinlänglich bekannt; das eigene Unternehmen wird mit den Wettbewerbern derselben oder zumindest mit den Wettbewerbern einer verwandten Branche verglichen. Im Mittelpunkt steht das Bemühen der Unternehmen, die beste Marktposition unter Ausnutzung der eigenen Fähigkeiten und Ressourcen zu erreichen. Hierzu werden detaillierte Perspektiven für die langfristigen wirtschaftlichen Faktoren entwickelt und die technischen Faktoren identifiziert, die die Produkteigenschaften bestimmen.

Die Ausrichtung der Unternehmensstrategie auf die eigene Branche ist sicher richtig. Dabei darf jedoch nicht übersehen werden, dass sich der Wettbewerb zunehmend von den Branchen in »Wettbewerbsarenen« verschiebt. Im Unterschied zum traditionellen Branchenwettbewerb stehen beim Wettbewerb in der Wettbewerbsarena die relevanten Kundensegmente im Fokus. Wettbewerber in der Arena sind dann die Unternehmen, die dieselben Kundensegmente bedienen. Auch wenn die unterschiedlichen Unternehmen der Wettbewerbsarena verschiedene Produkte anbieten, so werden sie dennoch im Hintergrund das Kaufverhalten der Kunden maßgeblich (mit) beeinflussen. Damit wird klar, dass der traditionelle Fokus auf die Branchen nur noch eine Teilperspektive auf die relevanten Wettbewerber ist.

Vor diesem Hintergrund der geänderten Wettbewerbslage wird verständlich, wenn die US-amerikanische Professorin Rita McGrath festhält, dass es Unternehmen immer weniger gelingt, Wettbewerbsvorteile nachhaltig zu gestalten und in einer schnelllebigen Geschäftswelt zu verteidigen. So gilt zunehmend die Feststellung, dass nachhaltige Wettbewerbsvorteile heute die Ausnahme und nicht mehr die Regel sind. Und dies gilt umso mehr für technologie- und innovationsorientierte Unternehmen aus Branchen wie Automotive, Industriegüter oder Medizintechnik.

Wettbewerb in Branchen vs. Wettbewerb in Arenen

Der »Wettbewerb in Branchen« beschreibt die traditionelle Vorstellung, dass sich ein Unternehmen auf die bekannten Unternehmen der eigenen Branche im Wettbewerbsvergleich konzentriert. Die alten und neuen Wettbewerber der eigenen Branche werden analysiert, Best Practices identifiziert und sofern nötig in Teilen kopiert. Im Mittelpunkt dieser Analysen stehen meistens die bekannten operativen Themen: So wird im Industriegüterbereich das »Danaher Business System« (DBS) analysiert, um auch im eigenen Unternehmen die operative Performance zu verbessern. ITT ist im Markt für seine »ITT Customer Partnership« bekannt. In der Automobilindustrie gelten noch immer Toyota oder auch Porsche als Vorzeigeunternehmen, wenn es um die Verbesserung im Sinne der »Lean«-Methodik geht. Beim Multimarkenmanagement im Industriegüterbereich stellt Atlas Copco die Benchmark dar, indem das Unternehmen durch die Gestaltung von Markensynergien versucht, die geografische Abdeckung und die Marktdurchdringung deutlich zu verbessern.

Demgegenüber bricht der Blick auf die Wettbewerbsarena mit dieser traditionellen Sicht auf die relevanten Wettbewerber. Der Blick auf die Wettbewerbsarena fokussiert vielmehr auf die relevanten Kundensegmente, an welche die eigenen Angebote verkauft werden sollen. Unternehmen müssen sich zunehmend (auch) darauf konzentrieren, welche Kunden durch welche Produkt- und Service-Angebote – außerhalb der eigenen Branche – in ihren Kaufentscheidungen beeinflusst werden. So zeigen Untersuchungen und Analysen, dass der vergleichsweise kurze Release-Wechsel von durchschnittlich zwölf

Monaten in der Konsumelektronik, beispielsweise bei Smartphones, zunehmend Auswirkungen auf andere Branchen hat. Dieser Kundenanspruch aus der Konsumelektronik scheint auch zunehmend die Erwartungshaltung der Kunden auf dem Automobilmarkt zu bestimmen. Dies wird noch mehr zunehmen, je mehr sich die Produkte in einer Wettbewerbsarena miteinander verzahnen. So wird zukünftig zunehmend die kundenorientierte Benutzerlogik aus der Konsumelektronik in die Infotainment-Welt des Autos integriert und die Bedienung zunehmend personalisiert. Das scheint aber nur der Beginn einer zunehmend dynamischen Entwicklung zu sein.

Der Wettbewerb in der Wettbewerbsarena wird aus unserer Sicht den Branchenwettbewerb nicht verdrängen. Für Unternehmen wird es noch immer wichtig sein, aus den Prozessen und den Produkten der Wettbewerber zu lernen sowie Verbesserungen für das eigene Unternehmen und die eigenen Produkte abzuleiten. Der Wettbewerb in der Wettbewerbsarena wird jedoch einen steigenden Einfluss auf die Geschäftsmodelle, die Prozesse und auch die Produkte aller Unternehmen in der gemeinsamen Wettbewerbsarena haben.

Die Wettbewerbsarena – eine Herausforderung für Produktportfolio und Geschäftsmodell

Der »Wettbewerb in Arenen« wird sich zukünftig sowohl auf der Produkt- als auch auf der Geschäftsmodellebene abspielen. Dabei ist dieser Wettbewerb auf der Produktebene bereits seit Jahrzehnten im Gange. Betrachtet man auch hier beispielsweise den Industriegüterbereich, dann werden in den Produkten schon seit den 1970er Jahren neue Wettbewerber aktiv – bekannte Schlagworte: Mechatronics, neue Keramiken, Biotechnologie. Im Mittelpunkt steht das mit dem Begriff der »Technology Fusion« beschriebene Phänomen. In der Vergangenheit hat sich der Wettbewerb in der Wettbewerbsarena jedoch auf die Produktebene beschränkt. Die Geschäftsmodelle der Unternehmen der Wettbewerbsarena blieben voneinander getrennt.

Betrachtet man nun aber die Automobilindustrie heute, dann wird eine zunehmende Dynamik auch auf der Geschäftsmodellebene sichtbar. Hier zeigt sich der Druck anderer Teilnehmer der Wettbewerbsarena auf die traditionellen Automobilhersteller: Der Treiber für diesen Zyklus liegt im sehr hohen Innovationsgrad, bei dem die Branchenwettbewerber als »Fast Follower« schnell nachziehen. Daher ist trotz des kurzen Rhythmus bei jeder Produktpflege eine deutliche Verbesserung von nahezu allen Leistungsparametern – etwa CPU, RAM, Display, Kamera – sichtbar. Darüber hinaus ist in der betrachteten Wettbewerbsbranche zu beobachten, dass sich die Kunden in ihren Produkterwartungen an diesen kurzen Innovationsrhythmus gewöhnen und ihre Kaufentscheidung zunehmend davon abhängig machen. Der Lebenszyklus ist transparent, und ein Produkt, welches bereits ein Jahr auf dem Markt verfügbar ist, wird schnell als veraltet angesehen. Der Kunde erwartet spürbare Innovationen. Die Absätze der alten Modelle sinken in Erwartung der neuen Modelle deutlich.

Neu ist jedoch, dass sich der Wettbewerb in der Wettbewerbsarena zunehmend auch auf die Geschäftsmodellebene verlagert. So schließen sich immer häufiger Unternehmen zusammen, um den

Kunden ihrer gemeinsamen Wettbewerbsarena ergänzende Angebote zu machen, die sie alleine nicht oder nur mit einem erheblichen Aufwand, etwa an Ressourcen oder Kompetenzen, anbieten können. So ergänzen einige bekannte Automobilhersteller das bestehende produktorientierte Geschäftsmodell durch das Geschäftsmodell des kundenorientierten »Mobilitätsanbieters«. Ein bekanntes Beispiel hierfür ist Daimler mit seinem urbanen Mobilitätskonzept Car2Go. Damit will das Unternehmen den individuellen Stadtverkehr neu erfinden. Smart-Fahrzeuge können überall im Innenstadtbereich und jederzeit spontan mit dem Smartphone oder über das Internet gebucht werden. BMW geht mit dem kürzlich vorgestellten i3 einen alternativen Weg und stellt dem urbanen Käufer bei Bedarf ein größeres Fahrzeug für größere Entfernungen zur Verfügung.

Handlungsbedarf für technologie- und innovationsorientierte Unternehmen

Für technologie- und innovationsorientierte Unternehmen wird sich der Wettbewerb zukünftig nicht mehr nur in der altbekannten Branche abspielen, sondern sich zunehmend zusätzlich in die Wettbewerbsarenen verlagern. Dort finden sich die Unternehmen wieder, die ähnliche Kundensegmente bedienen und sich deshalb auf sich verändernde Erwartungen dieser Kundensegmente einstellen müssen. Erst durch die gemeinsame Betrachtung des Wettbewerbs in der Branche und des Wettbewerbs in der Wettbewerbsarena wird es einem technologie- und innovationsorientierten Unternehmen möglich sein, nachhaltig profitabel zu sein und zu bleiben.

Harald Grübel ist President & CEO der Unternehmensberatung Consulting4Drive.

Prof. Dr. Roland Eckert ist Partner bei der Unternehmensberatung Consulting4Drive.

Somit bleibt festzuhalten, dass der reine Fokus auf die Branche den Blick auf operative Verbesserungen in der Produktentwicklung, auf die Verkürzung der Produktlebenszyklen oder die Übertragung der »Lean«-Philosophie auf verschiedene Funktionsbereiche des Unternehmens verengt. Der ergänzende Blick auf den Wettbewerb in der Wettbewerbsarena ist jedoch aus zwei Gründen notwendig: Zum einen kann man nur dadurch mögliche Innovations- und Technologiesprünge identifizieren, welche massive Auswirkungen auf das eigene Produktportfolio und damit auch auf die notwendigen Kompetenzen und Ressourcen im eigenen Haus besitzen werden. Zum anderen eröffnet der Blick auf die Wettbewerbsarena auch die Identifizierung neuer Geschäftsmodelle – sofern man die Potenziale der Zusammenarbeit mit anderen Unternehmen der Wettbewerbsarena früh genug erkennt.

Im Kern reicht es für ein Unternehmen zukünftig nicht mehr aus, Wettbewerbsanalysen nur mit den bekannten Analysemethoden, etwa dem Fünf-Kräfte-Modell von Michael Porter, vorzunehmen. Vielmehr muss ein Unternehmen die Branche und die (zukünftigen) Veränderungen, beispielsweise im Produktportfolio, tiefer als bisher üblich analysieren und die richtigen Schlüsse ziehen.

Konsequenzen für die Beratungsunternehmen

Das dargestellte Ende der Wettbewerbsvorteile und die wachsende Bedeutung der Wettbewerbsarena für den Unternehmenserfolg haben zunehmend Auswirkungen auf die Berater dieser technologie- und innovationsorientieren Unternehmen. Auch die Beratungen müssen sich im technischen Verständnis, was das Produktportfolio ihrer Kunden anbetrifft, breiter aufstellen, wenn sie kompetenter Partner und Begleiter ihrer Kunden bleiben wollen. Berater müssen sich auch zunehmend die notwendigen Kompetenzen aneignen, um die technisch-ökonomischen Entwicklungen in der Wettbewerbsarena ihrer Kunden verstehen und begleiten zu können. Ein Berater, etwa mit dem Branchenfokus Automotive oder Industriegüter, wird sich deshalb – betrachtet man die Entwicklungen in dieser Branche zum Beispiel mit Blick auf Mechatronik, GFK, E-Mobility, Batterietechnologien, Cloud – auch in den anderen relevanten Technologien in der Wettbewerbsarena auskennen müssen. Zusätzlich wird es für Beratungen zunehmend wichtiger werden, nicht mehr nur die ökonomische Perspektive zu verstehen, wollen sie in der Wettbewerbsarena kompetent beraten. Sie müssen vielmehr zukünftig in der Lage sein, auch die technologischen Zusammenhänge und Potenziale abzuschätzen und zu beurteilen.

Perspektive *Entscheiden*

Eine Frage der Persönlichkeit: Wirtschaft studieren in Witten

———

GESUNDHEIT
WIRTSCHAFT
KULTUR

Wir sind davon überzeugt, dass es keinen besseren Weg gibt zu erfahren, wie Wirtschaft funktioniert, als den, es selbst auszuprobieren. Die in unserer GründerWerkstatt oder im Rahmen eines Praktikums bei einer unserer Mentorenfirmen gewonnenen Erfahrungen können anschließend wieder im Seminar reflektiert werden, was zu einer intensiven Theorie-/Praxis-Verknüpfung führt.

Dieses Lehrkonzept entspricht unserer Philosophie und unserem Selbstverständnis, eine Anregungsarena zu sein, in der die Studierenden sich das Verständnis der Wirtschaft vor dem Hintergrund eigener Fragen, Erfahrungen und Interessen selbst aneignen. Unter guter Anleitung, in enger Begleitung und im gegenseitigen Austausch.

Weitere Informationen unter **www.uni-wh.de/wirtschaft**

Witten wirkt.

Oliver Engelbrecht und Dr. Robert Wagner

Risk & Compliance Management

Risiken adäquat steuern

Es kann fatale Folgen haben, wenn Risiko-Management und Compliance-Management nicht eng verzahnt sind. Die Finanzkrise mit ihren Nachwirkungen im Risk & Compliance Management hat dies am Beispiel des Finanzsektors sehr deutlich gemacht. Beide Bereiche machten im Finanzgewerbe weitgehend unabhängig voneinander eigene Risikoanalysen, kamen zu unterschiedlichen Einschätzungen und vernachlässigten potenzielle Wechselwirkungen von Risiken aus dem jeweils anderen Bereich. Daraus resultierten Inkonsistenzen, die insbesondere die Kapitalkalkulation für Risiken verfälschten und eine adäquate Steuerung der Risiken erschwerten. Mit der Weiterentwicklung der regulatorischen Anforderungen will der Gesetzgeber diese strukturellen Fehler beseitigen.

Nicht zuletzt aufgrund der bekannt gewordenen Vorfälle in namhaften Unternehmen, die von Beteiligung an Geldwäsche über Manipulation von Zinssätzen bis hin zu Beihilfe zur Steuerhinterziehung und Verstrickung in Korruptionsskandale reichen, hat der Gesetzgeber die Anforderungen an das Compliance Management deutlich erhöht. Das Vertrauen des Marktes in das effektive Management von unternehmensweiten Risiken ist heute mehr denn je ein maßgeblicher Faktor für einen langfristigen Geschäftserfolg.

Compliance-Verstöße und die Falschberatung von Kunden stellen wesentliche Rechtsrisiken dar und führen zu erhöhten Rückstellungen bzw. Schadenersatz- oder Vergleichszahlungen. Derartige Verlustfälle finden in Verlustdatenbanken Niederschlag und fließen in die Eigenmittelkalkulation ein. Die vierte Novelle der Mindestanforderungen an das Risikomanagement (MaRisk) hat diesen Punkt aufgegriffen und verpflichtet zum Aufbau eines weitgehend integrierten Internen Kontrollsystems (IKS) mit Compliance- und Risikocontrolling-Funktion.

Integrationstreiber: Neubewertung von Reputationsrisiken

Seit der Finanzkrise gilt dem rechtskonformen Verhalten von Banken ein noch nie dagewesenes Maß an öffentlicher Aufmerksamkeit. Fehlverhalten kann in diesem Umfeld sehr schnell zu erheblichen Reputationsschäden führen. Viele Banken stufen Reputationsrisiken aus diesem Grund als wesentliche Risikoart ein und müssen darlegen, in welcher Form diese mit Eigenkapital unterlegt werden. Bereits die MaRisk-Novelle von 2009 hat den Reputationsrisiken eine wesentlich höhere Bedeutung eingeräumt. Dies erfordert, dass Risiko- und Compliance Management gemeinsam und abgestimmt das Thema Reputational Risk Management angehen.

Ziel der Regulierung ist es, Krisen künftig verhindern beziehungsweise entschärfen zu können. Die Regulierung auf europäischer Ebene weist in die gleiche Richtung: Im April 2013 hat das Europäische Parlament den Richtlinien- und Verordnungsvorschlag CRD IV/CRR (Capital Requirements Directive IV/Capital Requirements Regulation) angenommen. Die meisten Vorschriften daraus sind in Deutschland zum 1. Januar 2014 in Kraft getreten. Die Aufsichtsinstanzen werden sich also künftig stärker mit der Beurteilung der Risikomanagementsysteme in den Banken befassen.

Am Beispiel der Geldwäsche- und Betrugsprävention mit ihrem direkten Bezug zu Reputationsrisiken wird sichtbar,

welche Fortschritte die Banken in der Umsetzung der regulativen Vorgaben in den letzten Jahren gemacht haben – und wie viel es noch zu tun gibt: Die von BearingPoint regelmäßig (zuletzt 2013) zu diesem Thema publizierten Studien zeigen deutliche Verbesserungen bei den Banken. Allerdings gibt es auch noch erheblichen Nachholbedarf, beispielsweise bei der vernetzten Beurteilung mit anderen Compliance-Verstößen.

Noch zu verbessern ist ebenfalls die unternehmensweite Sicht auf Risiken und damit einhergehend die gruppenweite Umsetzung von Präventionsmaßnahmen gemäß § 25g KWG. Die unternehmensweite Sicht auf Compliance-Risiken und operationelle Risiken ist den Banken häufig durch Verwendung unterschiedlicher Systeme in einzelnen Geschäftsbereichen und Regionen versperrt. Ferner werden identifizierte operationelle Risiken nicht mit Compliance-Risiken abgestimmt, was wiederum in inkonsistenter und isolierter Risikosteuerung resultiert.

Dabei haben die global agierenden Häuser mehr denn je auch ausländische Gesetzgebungen zu berücksichtigen, wie den UK Bribery Act oder den Foreign Account Tax Compliance Act (FATCA), da bei Verstößen auch die Konzernmutter in Deutschland haftbar gemacht werden kann. Rückstellungen für drohende Bußgelder zeigen immer wieder die verheerenden Auswirkungen auf die Bilanzen.

Compliance-Abteilungen haben sich künftig nicht mehr nur um die bisherigen angestammten Aufgabenbereiche wie Geldwäschebekämpfung, Sanktionen/Embargo, Betrug/sonstige strafbare Handlungen sowie Wertpapier-Compliance/Investorenschutz zu kümmern. Gemäß MaRisk-Novelle 2012 hat die Compliance-Funktion mittels wirksamer Verfahren zur Einhal-

tung der für das Institut wesentlichen rechtlichen Regelungen und entsprechender Kontrollen hinzuwirken.

Auch der Anspruch an eine Risikostrategie für operationelle Risiken wird immer höher: einerseits muss eine Verzahnung mit der Geschäftsstrategie nachweislich erfolgen, andererseits wird ein Fokus auf die Verzahnung mit anderen Risikostrategien – so auch mit der Compliance-Strategie – gefordert.

Neben effektiven Kontrollen ist hier vor allem Rückendeckung durch das Senior Management gefragt, beispielsweise, indem Compliance-Risiken konsequent zum integralen Bestandteil des strategischen Risikomanagements und der Corporate Governance werden.

Die Akzeptanz des Compliance Managements ist in den letzten Jahren stark gestiegen. Dennoch stehen die Abteilungen bei Neuinvestitionen unter ständigem Rechtfertigungsdruck. Auch das operationelle Risikocontrolling hat nach wie vor mit Akzeptanzproblemen zu kämpfen. Die alleinige Tatsache regulatorischer Anforderungen genügt nicht, um den Mehrwert eines guten Managements transparent darzulegen und Banken dazu anzuhalten, die Qualität zu verbessern.

Herausforderung: Komplexität und Branchenvielfalt

Die größte Herausforderung ist, dass die Zahl der rechtlichen Vorgaben auch abseits der Finanzbranche sowohl auf nationaler als auch auf internationaler Ebene ständig steigt. Die Unternehmen sind permanent gefordert, alle neuen Anforderungen auf Relevanz für ihre spezifische Organisation zu prüfen und Wege für eine pragmatische und effiziente Umsetzung in ihren System- und Prozesslandschaften zu finden.

Eine weitere Herausforderung ist die Parallelität der Umsetzung neuer Vorgaben bei gleichzeitiger Fortführung des laufenden operativen Geschäfts. Spätestens ab diesem Punkt müssen sich viele Unternehmen im Rahmen ihres »risikobasierten Ansatzes« aufgrund ihrer Budget- und Ressourcensituation auf die höchsten Risiken beschränken und somit andere, ebenfalls »wesentliche Risiken« herunterpriorisieren.

Schwierig ist die Einschätzung des Aufwands für die Umsetzung. Dies gilt für den Gesetzgeber, die Aufsicht, aber auch für die Unternehmen. Neben technischen und fachlichen sind häufig auch organisatorische Änderungen zu berücksichtigen, die intensives Change Management und nachhaltige Kommunikationsstrategien erfordern. Wird das versäumt, treten Ineffizienzen im Management von Risiken auf.

Branchen abseits der Financial-Service-Industrie verfolgen einen generelleren Compliance- und Risikomanagement-Ansatz und fokussieren nicht von vornherein auf Spezialrechtsgebiete. Sie betrachten vielmehr die Compliance-Risiken insgesamt für das Unternehmen. Während in Banken die Compliance-Risiken bei der Betrachtung der Operational Risks bisher eine verhältnismäßig untergeordnete Rolle spielten, z.B. im Vergleich zu Kredit- und Marktpreisrisiken, wird in anderen Branchen den Compliance-Risiken vor anderen Risiken eine größere Bedeutung eingeräumt.

Geldwerte Vorteile: Geringere Kosten, größere Wirkung

Ein effektives und effizientes sowie integriertes Risk & Compliance Management birgt Chancen: Unternehmen können Fehler der Vergangenheit vermeiden und mit einem Risikofrühwarnsystem rechtzeitig auf mögliche Probleme reagieren. Assessment-Prozesse können angepasst werden, sodass Risk Management und Compliance-Funktionen durch abgestimmte Methoden, einheitliche Ansprechpartner und gemeinsame IT-Systeme konsistente Ergebnisse erzielen. Das stärkt das Vertrauen des Marktes und führt langfristig zu besseren Bewertungen und geringeren Kosten. Ein Austausch zwischen Compliance- und Risiko-Funktionen minimiert nicht nur Gefahrenquellen, sondern stärkt auch das Zusammengehörigkeitsgefühl zwischen Abteilungen und Hierarchien. Das schafft Transparenz, Management und Mitarbeiter werden sensibilisiert.

Die Einführung der Compliance-Funktion nach MaRisk auf Seiten der Banken und auf Seiten der Versicherungen gemäß Solvency II birgt auch aus Kostensicht viel Potenzial. So kann etwa die Zusammenfassung ähnlich gearteter Prozesse wie die jährlichen Risikoanalysen und Self-

Assessments des Risikomanagements und die Gefährdungsanalysen der Compliance den Aufwand erheblich senken. Durch Vereinheitlichung von Bewertungsmethoden und Risikoklassen über Abteilungen sowie verschiedene Tochterunternehmen hinweg können Mehrfachaufwände vermieden und erhobene Daten sinnvoll konsolidiert werden. Die Schaffung eines integrierten Governance Risk Compliance (GRC)-Ansatzes kann zudem durch geeignete IT-Systeme unterstützt werden. Das schafft eine Grundlage für eine effiziente konzernweite Risikosteuerung.

Beraterroutine: Komplexität senken, an Best Practices orientieren

Bei der Entwicklung und ständigen Anpassung ihrer Risiko- und Compliance-Strategien sind Unternehmen aufgrund der komplexen Anforderungen häufig überfordert und verfügen nicht über die notwendigen internen Ressourcen. Externe Berater können die Projekte routiniert strukturieren und die Komplexität verringern. Anhand von Best-Practice-Ansätzen unterstützen sie maßgeblich bei der Projektorganisation und -umsetzung. So profitieren die Unternehmen vom langjährigen Erfahrungsschatz, können ihre eigenen Mitarbeiter schneller mit operativen Aufgaben betrauen und der immer lauter werdenden Forderung nach schneller Umsetzung von Compliance nachkommen.

Der hohe Regulierungsdruck und auch die öffentlichen Erwartungen nach den jüngsten Krisen und Skandalen führen zu einer sehr hohen Nachfrage nach Beratungsleistungen im Bereich Risk & Compliance Management. Es ist nicht absehbar, dass dieser Druck kurz- oder mittelfristig nachlässt. Die Motivation für die rasche Umsetzung der rechtlichen Anforderungen liegt auf der Hand: Allein schon das Vorhandensein eines professionellen Compliance Managements und dessen effiziente Verzahnung mit dem Risikomanagement kann im Falle von Verstößen das Strafmaß reduzieren. Ganz abgesehen davon, dass einer erbosten Öffentlichkeit ein unprofessionelles Management von Risiken kaum zu erklären wäre, das damit ein erhebliches Reputationsrisiko darstellt – mit allen, unter Umständen auch existenzbedrohenden, Folgen.

Dr. Robert Wagner ist Mitglied des BearingPoint Management Committees und globaler Leiter des Bereichs Financial Services. Seine Schwerpunktthemen sind unter anderem Risikomanagement, Compliance und Regulatorik.

Oliver Engelbrecht ist Partner bei BearingPoint im Bereich Financial Services mit dem Schwerpunkt Compliance-Beratung. Als Leiter des Competence Teams Compliance berät er unter anderem Banken, Versicherungen und Kapitalanlagegesellschaften.

Jan Müller-Gödeke und Thibault Pucken

Supply Chain Management

Werttreiber, Chancensucher und Innovator

Unternehmen müssen heute ein hohes Maß an Beweglichkeit und Flexibilität mitbringen, um ihre Marktposition dauerhaft zu festigen. Einkauf und Supply Chain Management (SCM) spielen hierbei eine wesentliche Rolle. Das übergeordnete Ziel des Einkaufs muss heute sein, den Gesamtüberblick über Kosten und Risiken unter Berücksichtigung der Auswirkungen auf die gesamte Supply Chain zu schaffen, zu prüfen und zu überwachen sowie die Supply Chain kontinuierlich zu verbessern. Somit hat sich die Rolle des Einkaufs zum Werttreiber, Chancensucher und Innovator gewandelt. Geblieben ist der Kostenaspekt, doch hier steht heute die Optimierung der Gesamtkosten, nicht der Einzelkosten, im Fokus. Modernes Supply Chain Management ist ebenfalls zur übergreifenden Managementaufgabe geworden und geht schon längst über die Organisation der innerbetrieblichen Logistik und Produktionsprozesse hinaus; eine wesentliche Aufgabe ist inzwischen auch die Integration von Lieferanten. Die Optimierung dieser wesentlichen Unternehmensbereiche lohnt sich: Eine stabile Supply Chain ist die Basis, um das Geschäftsergebnis deutlich zu verbessern, und trägt erheblich zur Wertsteigerung bei. Grund genug also, diese »Lebensader«, die das gesamte Unternehmen durchzieht, regelmäßig auf den Prüfstand zu stellen.

Einkauf als Werttreiber

Die Bedeutung des Einkaufs im Unternehmen ist in den letzten Jahren bereits merklich gestiegen und im Idealfall zum strategischen Instrument für Wertsteigerung avanciert. Der Einkauf richtet sich in vielen Unternehmen nun an strategischen Zielen aus, anstatt als Bestellabwickler »auf Abruf« zu dienen. Selbstverständlich bleibt das Erzielen von Kosteneinsparungen zentrales Thema im Einkauf. Doch die Palette der Aufgaben im Einkauf ist vielfältig und anspruchsvoller geworden: So wird etwa der Einkauf als Schnittstelle zu Lieferanten zum Prozesstreiber und nimmt damit Managementaufgaben wahr – und das auf internationalen Märkten. Kurzum: Einkäufer müssen heute neben den klassischen Einkaufsqualifikationen wie kaufmännisches Verständnis, Produktwissen und Verhandlungsgeschick auch über weitere Fähigkeiten wie zum Beispiel Moderationskenntnisse und Projektmanagement verfügen. Hier besteht jedoch in vielen Unternehmen – besonders im Mittelstand – noch Nachholbedarf. Die wachsende unternehmerische Relevanz des Einkaufs lässt sich an einigen Managementfeldern genauer erläutern: seiner Rolle im Supply Chain Management, im Lieferantenmanagement und im Risikomanagement.

Einkauf als Koordinator in der Supply Chain

Der Einkauf ist selbst ein entscheidender Teil der Supply Chain, da er direkt zur Wertentwicklung beiträgt. Viel zu oft arbeitet er aber noch losgelöst von den anderen Bereichen in der Wertschöpfungskette. Potenziale, die in einer abteilungsübergreifenden Zusammenarbeit sowie in der weitreichenden Integration von Lieferanten liegen, bleiben unentdeckt. Hinzu kommt, dass die einzelnen Abteilungen oft konkurrierende Ziele verfolgen: Der Einkauf will die Kosten senken und durch neue Lieferanten Wettbewerb schaffen. Logistik und Produktion hingegen legen den Fokus eher auf die Gewährleistung von Verfügbarkeit, Servicegrad und Lieferfähigkeit. Die gewohnte Produktqualität darf nicht leiden und die Anforderungen an die Flexibilität sind hoch. Auch gemeinsame Ziele wie zum Beispiel die Optimierung von Losgrößen werden oft unterschiedlich angegangen: So strebt die Produktion eher geringe Losgrößen an, während der Einkauf versucht, diese zu maximieren, um dadurch Mengeneffekte zu erzielen.

Da der Einkauf über zentrales Prozess- und Produktwissen verfügt, ist er prädestiniert, im Unternehmen als Projektmanager zur Verbesserung der Supply Chain aufzutreten. Der Einkauf sollte ein Team leiten, das auch die Lieferanten, die Disposition und die Produktion mit einbezieht. Über eine solche übergreifende Zusammenarbeit können Optimierungspotenziale in allen Bereichen ermittelt und die notwendigen Maßnahmen umgesetzt werden. Mit einem Performance-Check können Unternehmen rasch ermitteln, wie der aktuelle Stand der Leistungsfähigkeit ihres Supply Chain Managements ist. Auf der Integration von Lieferanten sollte dabei ein besonderes Augenmerk liegen.

Anspruchsvolles Lieferantenmanagement

Erfolgreiche Unternehmen haben erkannt, dass in einem leistungsfähigen Supply Chain Management das Handling von Lieferanten einen wichtigen Platz hat. Nur durch die nachhaltige Integration vor- und nachgelagerter externer Partner in den Wertschöpfungsprozess ist es möglich, steigenden Kundenanforderungen zu entsprechen und Wettbewerbsvorteile zu verteidigen. Die effektive Kooperation mit Lieferanten beeinflusst un-

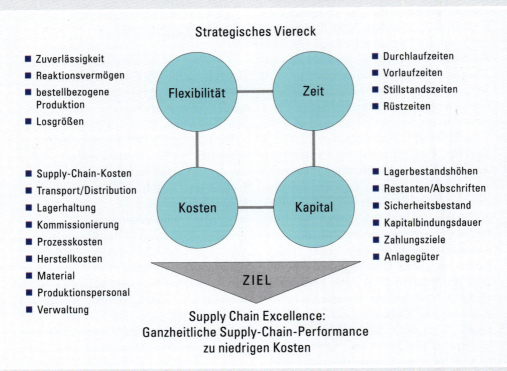

Abb. 28: Die Optimierung der SCM-Performance bewegt sich im Spannungsviereck

Quelle: Inverto AG 2013

mittelbar die Gesamtleistung der Supply Chain im Unternehmen. Doch die Optimierung der Wertschöpfungskette wird üblicherweise zunächst über die Verbesserung interner Abläufe vorangetrieben. Diese müssen systematisch erfolgen, um die Vorteile von Lieferantenkooperationen auch nutzen zu können. Hilfreich ist dafür die Orientierung am magischen Viereck, das aus den Zielgrößen Flexibilität, Zeit, Kosten und Kapital besteht (siehe Abb. 28).

Umso wichtiger ist demnach die Aufgabe der Lieferantenentwicklung im Einkauf, die angesichts der Einbindung in die unternehmensweite Supply Chain eine neue Bedeutung erlangt. Die Herausforderung für einen zukunftsorientierten Einkauf ist dafür, die operative Arbeitsebene zu verlassen, eine wirkliche Kooperation mit den Lieferanten einzugehen und diese strategisch zu entwickeln. Begegnen sich die Parteien auf Augenhöhe, können beide hiervon profitieren. Dann geht es nicht mehr nur um die Optimierung der Kosten, sondern darum, Know-how zu transferieren und gemeinsam Optimierungspotenziale zu finden. Um diese Managementaufgabe zu meistern, steht auch hier letztlich eine angemessene Qualifizierung der Einkaufsverantwortlichen zur Debatte.

Einkauf und SCM als Treiber im Risikomanagement

Die Aufgaben eines zukunftsorientierten Einkaufs und Supply Chain Managements gehen aber noch weiter. Auch für das Risikomanagement spielen diese Unternehmensfunktionen inzwischen eine zentrale Rolle und sollten als Koordinator auftreten. Durch die Fülle an Anforderungen durch Märkte, die immer in Bewegung sind, ist das Risikopotenzial in den Unternehmen in den letzten Jahren erheblich gestiegen. So werden Qualitäts- sowie Compliance- und Nachhaltigkeitsrisiken in der Beschaffung im heutigen Wettbewerbsumfeld immer wichtiger. Diese können direkte Auswirkungen auf den Ruf des Unternehmens haben, zu Wettbewerbsnachteilen und letztlich zu einer Minderung des Unternehmenswerts führen. Die Notwendigkeit eines funktionierenden Risikomanagements steigt zudem stetig auch deswegen, weil insbesondere produzierende Unternehmen häufig immer mehr Fertigungsaufgaben und Geschäftsprozesse auf Lieferanten übertragen. Fällt ein Schlüssellieferant aus, zieht dies erhebliche Auswirkungen auf die nachgelagerte Supply Chain mit sich und kann sich schließlich auf den Unternehmensgewinn auswirken.

Jan Müller-Gödeke ist Principal bei der Inverto AG und leitet das Competence Center Supply Chain Management. Er verfügt über umfangreiche Projekterfahrungen in Handel und Industrie.

Thibault Pucken ist Partner bei der Inverto AG und leitet das Competence Center Procurement Management. Er verantwortet vor allem Projekte in der Industrie.

Eine aktuelle Inverto-Studie über Risikoprävention im Einkauf zeigt, dass die befragten Einkaufsleiter immer mehr ihre potenziellen Risiken im Blick haben und Wege suchen, diese zu vermeiden. Laut der Befragung haben die Unternehmen dabei besonders Versorgungs- und Qualitätsrisiken im Blick. 83 Prozent der Unternehmen halten die Minimierung von Versorgungsrisiken, 77 Prozent die Minimierung von Qualitätsrisiken für sehr relevant. Compliance- und Nachhaltigkeitsrisiken stehen ebenfalls an vorderer Stelle, gefolgt von der Sicherstellung der Innovationsfähigkeit von Zulieferern. Mehr als die Hälfte der befragten Unternehmen halten auch die Verhinderung von Lieferantenausfällen für sehr wichtig. Allerdings schätzt jedes zweite befragte Unternehmen zugleich das eigene Risikomanagement als noch nicht ausreichend ein.

Ein zukunftsorientierter Einkauf setzt heute Risikomanagement- und Früherkennungssysteme ein, um Risiken zu vermeiden und schnell gegensteuern zu können. Mit diesen Systemen können potenzielle Risiken bewertet und die Ergebnisse bei der Lieferantenauswahl hinzugezogen werden. Dies ist insbesondere für Unternehmen mit geringer Fertigungstiefe überlebenswichtig.

Optimierung der Supply Chain

Eine stabile Supply Chain ist für Unternehmen, die auch in Zukunft erfolgreich sein wollen, ein Schlüsselfaktor. Die Relevanz von Einkauf und Supply Chain Management besteht nicht zuletzt darin, dass sie am stärksten verknüpft mit anderen Unternehmensbereichen sein müssen und das Unternehmensergebnis unmittelbar beeinflussen. So können etwa Entscheidungen, die im Einkauf getroffen werden, rasch Auswirkungen auf die gesamte Supply Chain im Unternehmen – vom Lieferanten bis zum Kunden – haben. Ein exzellent aufgestelltes Supply Chain Management inklusive Einkauf, das die Zukunftsaufgaben schultern kann, erfordert hervorragend qualifizierte Manager und Teams. Qualifizierung wird hier zu einer entscheidenden Maßnahme, um den Unternehmenswert zu steigern und zu sichern.

Teil III –
50 führende Berater*⁾

4flow	152	Kerkhoff Consulting	176
Accenture	153	Kienbaum Management Consultants	177
AlixPartners	154	Kloepfel Consulting	178
A.T. Kearney	155	KPMG	179
Bain & Company Germany	156	KPS	180
Barkawi Management Consultants	157	Management Partner	181
		McKinsey & Company	182
BearingPoint	158	Mercer Deutschland	183
Booz & Company	159	Miebach Consulting	184
Camelot Management Consultants	160	Oliver Wyman Group	185
		Porsche Consulting	186
Capgemini Consulting	161	Putz & Partner	187
Conmoto Consulting Group	162	PwC	188
Consulting4Drive	163	Q_Perior	189
Deloitte Consulting	164	ROI Management Consulting	190
Detecon International	165	Roland Berger Strategy Consultants	191
d-fine	166	Simon Kucher & Partners	192
Dornier Consulting	167	SKS Unternehmensberatung	193
Dr. Wieselhuber & Partner	168	Staufen AG	194
EY	169	The Boston Consulting Group	195
goetzpartners	170	The Capital Markets Company	196
Helbling Business Advisors	171	Theron Advisory Group	197
Horváth & Partners	172	TMG Consultants	198
h&z Unternehmensberatung	173	Towers Watson	199
IBM Deutschland	174	Unity	200
Inverto	175	zeb/rolfes.schierenbeck.associates	201

*⁾ Zusammengestellt von der Lünendonk GmbH –
Gesellschaft für Information und Kommunikation, Kaufbeuren

4flow

Gründungsjahr	2000
Hauptsitz in Deutschland	Berlin
Anzahl der Hauptstandorte 2013 weltweit	9
Anzahl der Hauptstandorte 2013 in Deutschland	4
Berater weltweit 2013	k.A.
Berater in Deutschland 2013	75

Die 4flow AG vereint in ihrem Geschäftsmodell Logistikberatung, Logistiksoftware sowie 4PL-Dienstleistungen. 4flow consulting begleitet Unternehmen im Bereich Logistik und Supply Chain Management von der Strategie bis zur Umsetzung. Der Beratungsansatz von 4flow consulting ist umsetzungsorientiert. Reduzierte Kosten, sinkende Bestände und verbesserter Service sind typische Ergebnisse der Beratung.

4flow realisiert jährlich mehr als 100 Projekte für große und mittlere Unternehmen. Kunden und Projekte sind international.

Der Beratungsfokus liegt auf den Branchen Fahrzeughersteller und Zulieferer, Handel und Konsumgüter, Erneuerbare Energien, Hightech und Telekommunikation, Medizintechnik und Maschinenbau.

Die Beratungsfelder umfassen die Strategie, das Supply Chain Management, Transport und Netzwerk, Lean Management sowie After Sales Services.

Referenzkunden sind unter anderem Audi, B. Braun, BMW, Bosch Rexroth, Brose, Continental, Coop, Daimler, DB Schenker, E-Plus, Evonik, GM, Hornbach, Johnson Controls, Kraft Foods, KraussMaffei, Kühne + Nagel, Lear, MAN, Metro, Nordex, Roche, Schindler, Siemens, SMA und Volkswagen.

4flow AG
Hallerstraße 1
10587 Berlin
+49 (0)30 397400
consulting@4flow.de
www.4flow.de

Accenture

Gründungsjahr	1989
Hauptsitz in Deutschland	Kronberg im Taunus
Anzahl der Hauptstandorte 2013 weltweit	mehr als 200 Standorte in 56 Ländern
Anzahl der Hauptstandorte 2013 in Deutschland	7
Berater weltweit 2013	17.000
Berater in Deutschland 2013	k.A.

Accenture ist ein weltweit agierender Managementberatungs-, Technologie- und Outsourcing-Dienstleister mit rund 275.000 Mitarbeitern, die für Kunden in über 120 Ländern tätig sind. Als Partner für große Business-Transformationen bringt das Unternehmen umfassende Projekterfahrung, fundierte Fähigkeiten über alle Branchen und Unternehmensbereiche hinweg und Wissen aus qualifizierten Analysen der weltweit erfolgreichsten Unternehmen in eine partnerschaftliche Zusammenarbeit mit seinen Kunden ein.

Accenture erwirtschaftete im vergangenen Fiskaljahr (zum 31. August 2013) einen Nettoumsatz von 28,6 Milliarden US-Dollar.

Zu Accentures Kunden zählen weltweit über 4.000 Organisationen. Dazu gehören 91 Unternehmen aus dem Fortune-Global-100-Index, zwei Drittel der im Fortune Global 500 aufgelisteten Organisationen, 28 der DAX-30-Unternehmen sowie führende öffentliche Organisationen und Unternehmen in Deutschland, Österreich und der Schweiz.

Accenture GmbH
Campus Kronberg 1
61476 Kronberg im Taunus
+49 (0)6173 9499
oder 0800 1801981
www.accenture.de

Ansprechpartner
Micaela Feldmann
Director Marketing & Communications DACH
micaela.feldmann@accenture.com

AlixPartners

Gründungsjahr	1982
Hauptsitz in Deutschland	München
Anzahl der Hauptstandorte 2013 weltweit	19
Anzahl der Hauptstandorte 2013 in Deutschland	2
Berater weltweit 2013	900
Berater in Deutschland 2013	65

Die AlixPartners GmbH ist ein global tätiges Beratungsunternehmen. Es unterstützt seine Kunden in komplexen Restrukturierungs- und Turnaround-Situationen und setzt Ertragssteigerungsprogramme um. Mit seinem Angebot richtet sich das Unternehmen an Manager und Unternehmer, Private-Equity-Investoren, Kreditgeber und Gläubiger sowie Rechtsanwälte und Insolvenzverwalter. AlixPartners hat 1.200 Mitarbeiter in weltweit 19 Büros und ist seit dem Jahr 2003 mit eigenen Büros in Deutschland vertreten.

AlixPartners kombiniert Branchenexpertise und weit reichende Erfahrung in Geschäftsprozessen mit tiefgreifendem Know-how der operativen und finanziellen Restrukturierung. Die Führungsmannschaft hat langjährige Erfahrung und kann nachhaltige Erfolge in unterschiedlichsten komplexen Unternehmenssituationen vorweisen.

Der Beratungsfokus liegt auf den Branchen Automobilindustrie, Bauindustrie, Chemie, Dienstleistungen, Handel und Konsumgüter, Hightech, Holzverarbeitung/Papier, Luftfahrt, Maschinen- und Anlagenbau, Medien, Metallverarbeitende Industrie, Pharma, Telekommunikation, Transport und Logistik, Versorgungsindustrie sowie Verteidigungsindustrie.

Die Beratungsfelder umfassen neben Restrukturierung und Turnaround auch die Bereiche Enterprise Improvement, Financial Advisory Services und Information Management Services.

AlixPartners GmbH
Mauerkircherstraße 1a
81679 München
+49 (0)89 20304000
cdosch@alixpartners.com
www.alixpartners.de

A.T. Kearney

Gründungsjahr	1926
Hauptsitz in Deutschland	Düsseldorf
Anzahl der Hauptstandorte 2013 weltweit	60
Anzahl der Hauptstandorte 2013 in Deutschland	5
Berater weltweit 2013	2.800
Berater in Deutschland 2013	500

A.T. Kearney zählt zu den weltweit führenden Unternehmensberatungen für das Top-Management und berät sowohl global tätige Konzerne als auch führende mittelständische Unternehmen und öffentliche Institutionen. Im Mittelpunkt der Beratungstätigkeit stehen die Themen Wachstum und Innovation, Technologie und Nachhaltigkeit sowie die Optimierung der Unternehmensperformance durch das Management von Komplexität in globalen Produktions- und Lieferketten.

A.T. Kearney wurde 1926 in Chicago gegründet. 1964 eröffnete in Düsseldorf das erste Büro außerhalb der USA. Heute beschäftigt die Beratungsgesellschaft rund 3.200 Mitarbeiter in 40 Ländern der Welt. Seit 2010 berät das Unternehmen Klienten klimaneutral.

Der Branchenfokus liegt auf der Automobil- und Zulieferindustrie, der Chemie, der Energie- und Versorgungswirtschaft, den Bereichen Engineering und Stahl, den Financial Services sowie dem Bereich Kommunikation, Medien und Technologie.

Die Beratungen umfassen die Felder Analytics, Beschaffung, Digital Business, Innovation, Marketing & Sales, Mergers & Acquisitions, Nachhaltigkeit, Operations, Organisation & Transformation, Strategie sowie Strategische IT.

A.T. Kearney GmbH
Kaistraße 16 A
40221 Düsseldorf
+49 (0)211 13770
info@atkearney.com
www.atkearney.com

Bain & Company Germany

Gründungsjahr	1973
Hauptsitz in Deutschland	München
Anzahl der Hauptstandorte 2013 weltweit	50
Anzahl der Hauptstandorte 2013 in Deutschland	3
Berater weltweit 2013	3.800
Berater in Deutschland 2013	450

Bain & Company ist mit über 5.700 Mitarbeitern und 50 Niederlassungen in 32 Ländern eine der weltweit führenden Strategieberatungen. Das Unternehmen unterstützt das Top-Management seiner Kunden dabei, herauszufinden, wie es durch strategische und technologische Weichenstellungen bestehende Marktpotenziale besser nutzen und neue erschließen kann. Zudem berät die Gesellschaft darin, durch organisatorische und operative Verbesserungen Wettbewerbsvorteile zu erlangen und höhere Gewinne zu erzielen, und zeigt, wie man durch Fusionen und Übernahmen, aber auch durch Verkauf von Randaktivitäten den Unternehmenswert steigern kann.

Seit seiner Gründung 1973 in Boston hat Bain mehr als 4.900 Klienten aus praktisch allen Branchen beraten. Im deutschsprachigen Raum ist die Beratungsgesellschaft seit 1982 zu Hause und hat Büros in München, Zürich, Düsseldorf und Frankfurt am Main mit derzeit rund 600 Mitarbeitern.

Zu den Klienten des Unternehmens gehören Branchenführer ebenso wie Unternehmen in schwierigen Situationen oder Private-Equity-Investoren, die mit ihrer Beteiligung Mehrwert schaffen möchten.

Der Beratungsfokus liegt auf den Branchen Automobilindustrie, Einzelhandel, Energieversorgung, Finanzdienstleistungen, Fluggesellschaften und Transport, Industriegüter und -dienstleistungen, Konsumgüter, Metall und Bergbau, Öl und Gas, Pharma und Gesundheit, Private Equity, sozialer und öffentlicher Sektor, Technologie, Medien und Telekommunikation.

Bain & Company Germany, Inc.
Karlsplatz 1
80335 München
+49 (0)89 51230
marketing@bain.de
www.bain.de

Barkawi Management Consultants

Gründungsjahr	1994
Hauptsitz in Deutschland	München
Anzahl der Hauptstandorte 2013 weltweit	5
Anzahl der Hauptstandorte 2013 in Deutschland	1
Berater weltweit 2013	100
Berater in Deutschland 2013	k.A.

Barkawi Management Consultants ist eine international tätige Managementberatung mit den Schwerpunkten Supply Chain Management, After Sales Services, Lean Management und Operations IT. Das Unternehmen berät seine Kunden von der Strategieentwicklung bis zur Implementierung. Dabei kombiniert es die etablierten Methoden der klassischen Management-Beratung mit speziellen Optimierungskonzepten sowie eigenen Analysetools und Umsetzungsmethoden.

Das international tätige Beratungsunternehmen mit Büros in München (Hauptsitz), Wien, Shanghai, Moskau und Atlanta wurde mehrfach als Hidden Champion ausgezeichnet. Die *WirtschaftsWoche* bezeichnet Barkawi als »hoch spezialisierte Beratungs-Boutique, die unter deutschen Vorständen als Edeladresse für Supply Chain Management gehandelt wird«.

Die Kunden von Barkawi sind global agierende internationale Konzerne mit logistisch komplexen Geschäftsmodellen, darunter 3M, BMW, Daimler, Fresenius, Nokia Siemens Networks und Vodafone.

Barkawi Management Consultants ist Teil der Barkawi Group, die mit Unternehmensgründungen an 30 Standorten weltweit aktiv ist. 450 Mitarbeiter sind insgesamt für die Unternehmensgruppe tätig.

Barkawi Management Consultants
Baierbrunner Straße 35
81379 München
+49 (0)89 749826700
info@barkawi.com
www.barkawi.com

BearingPoint

Gründungsjahr	1969
Hauptsitz in Deutschland	Frankfurt am Main
Anzahl der Hauptstandorte 2013 weltweit	28
Anzahl der Hauptstandorte 2013 in Deutschland	8
Berater weltweit 2013	3.000
Berater in Deutschland 2013	1.000

BearingPoint ist eine der führenden Management- und Technologieberatungen Europas. Das Unternehmen unterstützt Kunden bei der Entwicklung neuer Geschäftsstrategien, der Optimierung bestehender Verfahren und Prozesse sowie der Auswahl passender Technologien. 3.350 Mitarbeiter betreuen zusammen mit einem globalen Beratungs-Netzwerk Kunden in mehr als 70 Ländern und engagieren sich gemeinsam mit ihnen für einen messbaren und langfristigen Geschäftserfolg.

Mit enormen Aufgaben durch Digitalisierung und Regulierung sowie steigenden Herausforderungen an eine nachhaltige Entwicklung verändern sich Organisationen und ganze Branchen grundlegend. Die flexible Herangehensweise der Berater sichert die fokussierte und langfristig erfolgreiche Umsetzung der Kundenprojekte mithilfe von zukunftsorientierten Lösungen. Davon profitieren Kunden aus Industrie, Finanz- und Versicherungswirtschaft sowie der öffentlichen Verwaltung.

Der Beratungsfokus liegt auf den Branchen Automobilindustrie, Banken und Versicherungen, Handel und Konsumgüter, Life Sciences und Chemie, auf Kommunikation, Medien und Unterhaltungsindustrie, auf Gesundheitswesen und Wohlfahrt, öffentlichen Verwaltungen, Postdienstleistungen und Transport sowie der Sicherheits- und Verteidigungsindustrie.

Zu den langjährigen Kunden zählen ein Großteil der DAX-30- und Fortune-500-Unternehmen, die Top Five der deutschen Banken und Versicherungen sowie Ministerien und die Europäische Kommission.

BearingPoint GmbH
Speicherstraße 1
60327 Frankfurt am Main
+49 (0)69 130220
www.bearingpoint.com

Ansprechpartner
Kai Wächter
Mitglied der Geschäftsführung
+49 (0)30 880049110
kai.waechter@bearingpoint.com

Booz & Company

Gründungsjahr	1914
Hauptsitz in Deutschland	Düsseldorf
Anzahl der Hauptstandorte 2013 weltweit	57
Anzahl der Hauptstandorte 2013 in Deutschland	5
Berater weltweit 2013	k.A.
Berater in Deutschland 2013	k.A.

Booz & Company hat mit der Einführung des Begriffs »Management Consultant« den Grundstein für eine ganze Branche gelegt. Das Unternehmen wurde 1914 als Booz Allen Hamilton gegründet. Im deutschsprachigen Raum ist es seit 1965 aktiv. Weltweit beschäftigt Booz mehr als 3.000 Mitarbeiter in 57 Büros.

Die Industrieteams und die funktionalen Teams beraten große Unternehmen sowie Regierungen, Ministerien und Einrichtungen der öffentlichen Hand in den Bereichen Strategie, Turnaround, Restrukturierung, Organisation, Operations, Systeme und Technologie. Dabei legt das Beratungsunternehmen großen Wert auf die Implementierung über die gesamte Wertschöpfungskette hinweg und auf messbare Erfolge in der Umsetzung.

Zu den Klienten zählen führende Unternehmen unter anderem aus den Bereichen Automobilindustrie, Finanzdienstleistung, Konsumgüter, Medien, Telekommunikation, Transport sowie dem öffentlichen Sektor. Booz & Company berät mehr als 75 Prozent der DAX-Konzerne und ist international für 400 Unternehmen der Fortune 500 tätig.

Im Dezember 2013 haben die Partner von Booz & Company dem Zusammenschluss mit PwC zugestimmt. Die Transaktion sollte voraussichtlich im ersten Quartal 2014 erfolgreich umgesetzt worden sein. Gemeinsam bilden PwC und Booz & Company eine weltweit führende Unternehmensberatung, die Strategiekonzepte, deren Implementierung und anschließende Erfolgsmessung aus einer Hand anbietet. Durch den Zusammenschluss schaffen PwC und Booz & Company eine Unternehmensberatung, die das Beste aus Strategy- und Operations-Consulting in sich vereint.

Booz & Company GmbH
Goltsteinstraße 14 · Hofgarten Palais
40211 Düsseldorf
+49 (0)211 38900
info@booz.com
www.booz.com/de

Camelot Management Consultants

Gründungsjahr	1996
Hauptsitz in Deutschland	Mannheim
Anzahl der Hauptstandorte 2013 weltweit	7
Anzahl der Hauptstandorte 2013 in Deutschland	3
Berater weltweit 2013	220
Berater in Deutschland 2013	180

Die Camelot Management Consultants AG gehört zu den weltweit führenden Managementberatungen für die Optimierung von Wertschöpfungs- und Lieferketten – von der strategischen Entscheidungsfindung bis hin zur organisatorischen und IT-relevanten Umsetzung. Das Unternehmen ist die Strategie- und Organisationsberatung innerhalb der internationalen Camelot-Gruppe. Integrierte Beratung aus einer Hand mit Management-, Prozess- und IT-Kompetenz für das Value Chain Management war 1996 die Gründungsidee der Camelot-Gruppe. Die Managementberatung setzt ihren integrierten Beratungsansatz durch eine enge Zusammenarbeit mit Technologiespezialisten wie Camelot ITLab und anderen Forschungseinrichtungen um. Sie wurde im Wettbewerb »Best of Consulting« ausgezeichnet. Im weltweiten Verbund der Camelot-Partnerorganisationen sind mehr als 1.400 Berater beschäftigt.

Camelot Management Consultants berät die großen internationalen Chemie-, Pharma- und Konsumgüterkonzerne weltweit.

Die Beratungsfelder umfassen die Bereiche Strategie & Business Model Innovation, Business Transformation & Organization, Supply Chain Management, Operational Excellence & Lean Manufactoring, Sourcing & Procurement, Logistics & Distribution, Marketing & Sales, Strategic Information Management.

Camelot Management Consultants AG
Theodor-Heuss-Anlage 12
68165 Mannheim
+49 (0)621 862980
office@camelot-mc.com
www.camelot-mc.com

Capgemini Consulting

Gründungsjahr	1967
Hauptsitz in Deutschland	München
Anzahl der Hauptstandorte 2013 weltweit	in 16 Ländern
Anzahl der Hauptstandorte 2013 in Deutschland	6
Berater weltweit 2013	3.600
Berater in Deutschland 2013	k.A.

Capgemini Consulting ist die globale Strategie- und Transformationsberatung der Capgemini-Gruppe. Mit mehr als 125.000 Mitarbeitern in 44 Ländern ist Capgemini einer der weltweit führenden Anbieter von Management- und IT-Beratung, Technologie-Services sowie Outsourcing-Dienstleistungen. Die Leistungen reichen von der Konzeption innovativer Strategien bis zu deren ergebnisorientierter Umsetzung. Das Unternehmen begleitet führende Unternehmen und öffentliche Institutionen bei der Digitalisierung ihrer Geschäftsmodelle. Das Fundament hierfür bilden eine tiefgreifende Expertise rund um die digitale Wirtschaft sowie eine führende Rolle bei Unternehmenstransformationen und organisatorischem Wandel.

Auf der Grundlage seines weltweiten Liefermodells Rightshore® zeichnet sich Capgemini als multinationale Organisation durch seine besondere Art der Zusammenarbeit aus – die Collaborative Business Experience.

Der Beratungsfokus liegt auf den Branchen Automobilindustrie, Fertigungsindustrie, Finanzdienstleister, Handel und Konsumgüter, Energiewirtschaft und Versorger, öffentliche Verwaltungen, Telekommunikation, Medien und Unterhaltungsindustrie, Transport und Tourismus.

Die Beratungsfelder umfassen Big Data & Analytics, Chance Management, CIO Advisory Services, Customer Experience Finance Transformation, Project Management, Strategy & Transformation und Supply Chain Management.

Capgemini Consulting
Karlstraße 12 · Karolinen Karree
80333 München
+49 (0)89 94000
achim.schreiber@capgemini.com
www.de.capgemini-consulting.com

ConMoto Consulting Group

Gründungsjahr	1990
Hauptsitz in Deutschland	München
Anzahl der Hauptstandorte 2013 weltweit	6
Anzahl der Hauptstandorte 2013 in Deutschland	2
Berater weltweit 2013	80
Berater in Deutschland 2013	k.A.

Die ConMoto Consulting Group GmbH ist eine inhabergeführte Unternehmensberatung und gehört zu den umsatzstärksten mittelständischen Beratungen in Deutschland. Die Gesellschafter sind Geschäftsführer und Partner, die aktiv in das Beratungsgeschäft eingebunden sind. ConMoto ist unabhängig von Banken, Verbänden, Hard- und Software-Herstellern.

Das Unternehmen wurde 1990 von Dr.-Ing. Ralf Feierabend gegründet. Der Schwerpunkt der Beratung lag zunächst in den Bereichen Produktion/Instandhaltung und Logistik und wurde später um den Beratungsschwerpunkt Einkauf ergänzt. Heute konzentrieren sich die Projekte von ConMoto auf den gesamten Bereich der Operational Excellence.

Die Beratungsgruppe ist mit den deutschen Standorten München und Stuttgart sowie den Büros in Bratislava, Shanghai, St. Gallen und Wien sowohl deutschlandweit als auch international für führende Unternehmen aller Branchen tätig.

ConMoto Consulting Group GmbH
Boschetsrieder Straße 69
81379 München
+49 (0)89 780660
info@conmoto.de
www.conmoto.de

Consulting4Drive

Gründungsjahr	2007
Hauptsitz in Deutschland	Berlin
Anzahl der Hauptstandorte 2013 weltweit	6
Anzahl der Hauptstandorte 2013 in Deutschland	2
Berater weltweit 2013	32
Berater in Deutschland 2013	30

Die Consulting4Drive GmbH (C4D) ist spezialisiert auf Management- und Prozessberatung in Entwicklung, Produktion sowie in Einkauf und Markt. Dabei stehen Produkt- und Technologiestrategien, Merger von technischen Organisationen sowie Prozessmanagement in Emerging Markets im Mittelpunkt. Die hundertprozentige Tochter der IAV GmbH, eines der führenden Engineering-Partner der Automobilindustrie mit mehr als 5.000 Ingenieuren weltweit, arbeitet eng mit der Muttergesellschaft zusammen. Deren Wissen und Know-how fließen in die Beratungspraxis von C4D ein. Die Kunden sind Pkw- und Nutzfahrzeughersteller, Automobilzulieferer sowie Technologie- und Innovationsführer des Maschinen- und Anlagenbaus sowie der Fertigungsindustrie.

Consulting4Drive GmbH
Carnotstraße 7
10587 Berlin
+49 (0)30 399789789
www.consulting4drive.com

Ansprechpartner
Harald Grübel
Geschäftsführer
info@consulting4drive.com

CONSULTING4DRIVE
powered by IAV Automotive Engineering

Deloitte Consulting

Gründungsjahr	1960
Hauptsitz in Deutschland	Düsseldorf
Anzahl der Hauptstandorte 2013 weltweit	150
Anzahl der Hauptstandorte 2013 in Deutschland	16
Berater weltweit 2013	k.A.
Berater in Deutschland 2013	1.303

Im Mittelpunkt der Beratungstätigkeit von Deloitte im Bereich Consulting stehen Gesamtlösungen. Gemeinsam mit den Kunden erarbeiten die Berater ganzheitliche Ansätze. Ob Strategieformulierung oder effiziente Prozesse, Nachhaltigkeit oder Globalisierung: Deloitte entwickelt Lösungen, die sich an den spezifischen Gegebenheiten der Kunden orientieren. Dabei können diese auf das fundierte Branchenwissen der Experten und ein globales Netzwerk zurückgreifen.

Deloitte erstellt nicht nur Konzepte, sondern vertritt diese auch in der praktischen Umsetzung. Um für jede Herausforderung die passende Lösung zu finden, arbeitet das Unternehmen partnerschaftlich und unabhängig mit den führenden globalen Technologiefirmen zusammen.

Die Beratungsfelder umfassen die Bereiche Strategy & Operations, Human Capital Advisory, Corporate Finance Advisory, Risk & Compliance und Technology Advisory.

Der Beratungsfokus liegt auf den Branchen Energie und Rohstoffe, Fertigungsindustrie, Finanzdienstleistungen, Gesundheit und Life Sciences, Immobilienwirtschaft, Handel und Konsumgüter, öffentlicher Dienst, Technologie, Medien und Telekommunikation.

Deloitte Consulting GmbH
Schwannstraße 6
40476 Düsseldorf
+49 (0)211 877201
kontakt@deloitte.de
www.deloitte.com/de

Detecon International

Gründungsjahr	1977
Hauptsitz in Deutschland	Köln
Anzahl der Hauptstandorte 2013 weltweit	17
Anzahl der Hauptstandorte 2013 in Deutschland	4
Berater weltweit 2013	817
Berater in Deutschland 2013	520

Die Detecon International GmbH vereint klassisches Management Consulting mit ausgeprägter Technologieexpertise. Ziel der Beratungstätigkeit beim Kunden ist es, dessen Wettbewerbsfähigkeit und Performance über die gesamte Wertschöpfung mithilfe modernster digitaler Technologien nachhaltig zu verbessern. Zudem bietet das Unternehmen Lösungen in allen Feldern der klassischen Unternehmensberatung von der Strategie über Organisation und Prozesse bis zum HR-Management.

Die Digitalisierung als Herausforderung der globalisierten Ökonomie, bei der die IT zum Kern von Geschäftsmodellen und Prozessen wird, steht im Zentrum der Beratungstätigkeit. Alleinstellungsmerkmal ist die Kombination aus technologischer Expertise, Business-Know-how und Transformationserfahrung aus mehr als 7.000 Projekten.

Detecon Deutsche Telepost Consulting wurde 1977 als Beteiligung der Deutschen Bundespost in Bonn gegründet. Ende der 1980er Jahre war das Unternehmen mit der Planung, dem Aufbau und der Vermarktung des digitalen Mobilfunknetzes D1 betraut. Heute ist das Unternehmen eine hundertprozentige Tochter der T-Systems International GmbH.

Der Beratungsfokus liegt in der Telekommunikation auf den Bereichen Medien und Online, Festnetzbetreiber, Investoren, VNOs und Service Provider, Mobilfunkbetreiber sowie Regulierungsbehörden, in der Industrie auf den Branchen Automobilindustrie, Fertigungsindustrie, Hightech, Pharma und Gesundheit sowie bei den Dienstleistern in den Bereichen Energiewirtschaft, Finanzdienstleister, Konsumgüter und Handel, öffentliche Verwaltungen, Tourismus, Transport und Logistik.

Detecon International GmbH
Sternengasse 14–16
50676 Köln
+49 (0)221 91610
www.detecon.com

Ansprechpartner
Francis Deprez
CEO
info@detecon.com

d-fine

Gründungsjahr	2002
Hauptsitz in Deutschland	Frankfurt am Main
Anzahl der Hauptstandorte 2013 weltweit	5
Anzahl der Hauptstandorte 2013 in Deutschland	2
Berater weltweit 2013	460
Berater in Deutschland 2013	425

Die d-fine GmbH ist eine auf Finanzsteuerung, Risikomanagement, die Umsetzung regulatorischer Vorgaben und die Herausforderungen des Kapitalmarktes bei Banken, Versicherungen, Industrieunternehmen oder Asset Managern spezialisierte Unternehmensberatung. Von ihren Büros in Frankfurt, München, Zürich, Wien, London und Hongkong aus betreut sie globale Großbanken genauso wie mittelständische Industrieunternehmen, internationale Versicherungskonzerne oder kleine Hedge Fonds. Mit der Erfahrung aus vielen Hunderten von Projekten, von der Strategieberatung über die Methodenentwicklung und das Prozessdesign bis hin zur IT-technischen Umsetzung der Lösung, deckt d-fine das gesamte Leistungsspektrum eines Consulting-Unternehmens ab.

Die in der Beratung geforderten analytischen, mathematischen und technischen Fähigkeiten bauen auf einer starken naturwissenschaftlichen Prägung der Mitarbeiter auf: 50 Prozent verfügen über einen akademischen Abschluss in Physik und 35 Prozent in Mathematik, 15 Prozent in Informatik oder Wirtschaftswissenschaft.

d-fine bietet branchenspezifische Expertise rund um die Themenspektren Kapitalmarkt, Risikomanagement, Finanzsteuerung und Regulatorik.

Das Beratungsunternehmen betreut mehr als 100 europäische Kunden aller Branchen. Das Projektspektrum reicht von Kurzstudien bis hin zu mehrjährigen IT-Infrastrukturvorhaben und umfasst auch regelmäßige Unterstützung, etwas beim Financial Engineering oder aktuarieller Beratung.

d-fine GmbH
Opernplatz 2
60313 Frankfurt am Main
+49 (0)69 907370
info@d-fine.de
www.d-fine.de

Dornier Consulting

Gründungsjahr	1962
Hauptsitz in Deutschland	Berlin
Anzahl der Hauptstandorte 2013 weltweit	8
Anzahl der Hauptstandorte 2013 in Deutschland	6
Berater weltweit 2013	175
Berater in Deutschland 2013	100

Dornier Consulting ist der Management-Consulting- und Engineering-Partner für nachhaltige Lösungen im Bereich Metropolitan & Mobility Solutions. Expertise und Erfahrung konzentrieren sich auf das Management von Wasserressourcen und die Wasserversorgung sowie die Integration und das Testen von Elektrik-/Elektronik- und Telematiksystemen. Schwerpunkte der Tätigkeiten liegen darüber hinaus im Verkehrs- und Transport-Management sowie im Infrastruktur- und Bau-Projektmanagement. Besonders im Fokus steht zudem die Betreuung von Vorhaben in den Bereichen Energie-Infrastruktur und Elektromobilität.

Seit mehr als 50 Jahren betreut Dornier Consulting die Kunden vom Geschäftskonzept bis zur Implementierung. Die Konzentration auf innovative Projekte unterscheidet Dornier Consulting von Wettbewerbern, und die Berater und Ingenieure zeichnen sich als Vordenker beim Management komplexer Systeme aus.

300 Mitarbeiter beraten in Projekten von hohem öffentlichem Interesse. Das betreute Projektvolumen liegt bei 20 Milliarden Euro. Hauptkunden sind: Weltbank, KfW, EU, Regierungen, Behörden, Flughafengesellschaften, Infrastrukturbetreiber, Unternehmen aus der Automobil- und der Luftfahrtindustrie sowie Energieversorger.

Dornier Consulting GmbH
Platz vor dem Neuen Tor 2
10115 Berlin
+49 (0)30 2539910
info@dornier-consulting.com
www.dornier-consulting.com

Dr. Wieselhuber & Partner

Gründungsjahr	1986
Hauptsitz in Deutschland	München
Anzahl der Hauptstandorte 2013 weltweit	3
Anzahl der Hauptstandorte 2013 in Deutschland	3
Berater weltweit 2013	70
Berater in Deutschland 2013	70

Dr. Wieselhuber & Partner ist als Beratungsgesellschaft für Familienunternehmen sowie Sparten und Tochtergesellschaften von Konzernen unterschiedlicher Branchen aufgestellt. Die Gesellschaft ist spezialisiert auf die unternehmerischen Gestaltungsfelder Strategie, Innovation und New Business, Führung und Organisation, Marketing und Vertrieb, Operations sowie auf die nachhaltige Beseitigung von Unternehmenskrisen durch Restrukturierung und Finanzierung.

Von den Standorten München, Düsseldorf und Hamburg aus ist Dr. Wieselhuber & Partner in den vergangenen Jahren für seine Kunden in mehr als 50 Ländern auf fünf Kontinenten unterwegs gewesen. Der Anspruch des Unternehmens ist es, Wettbewerbsfähigkeit, Ertragskraft und Unternehmenswert seiner Auftraggeber dauerhaft zu steigern. Es weist auf eine ausgeprägte Markt- und Gewinnorientierung als Positionierungsmerkmal hin. Der Beratungsfokus liegt auf den Branchen Chemie und Kunststoffe, Elektro und Bauzulieferer, Industriegüter inklusive Automobilindustrie, Konsumgüter, Handel und Dienstleistungen, Pharma und Medizinprodukte.

Dr. Wieselhuber & Partner GmbH
Nymphenburger Straße 21
80335 München
+49 (0)89 286230
info@wieselhuber.de
www.wieselhuber.de

EY

Gründungsjahr	1919
Hauptsitz in Deutschland	Stuttgart
Anzahl der Hauptstandorte 2013 weltweit	in 150 Ländern
Anzahl der Hauptstandorte 2013 in Deutschland	22
Berater weltweit 2013	27.000
Berater in Deutschland 2013	1.400

EY* zählt zu den renommiertesten Adressen für die Wirtschaftsprüfung, Steuer- und Transaktionsberatung sowie für die Risiko- und Managementberatung. Das global integrierte Unternehmen arbeitet weltweit nach einer standardisierten Methode. Die Philosophie der Managementberatung von EY lautet: »Stärken aufbauen, Schwächen abbauen und Wettbewerbsvorteile schaffen«. Das Ziel dabei ist es, Risiken zu beherrschen, Potenziale zu entfalten und die Performance zu verbessern. Die Beratungstätigkeit setzt an den drei Säulen Unternehmensleistung, Risikomanagement und Informationstechnologie an.

Der Beratungsfokus liegt auf den Branchen Automobilindustrie, Chemieindustrie, Handel und Konsumgüter, Life Sciences, Maschinenbau, Energieversorger, Private Equity, Regierung und öffentliche Verwaltungen sowie Telekommunikation.

---

* »EY« bezieht sich in diesem Text auf alle deutschen Mitgliedsunternehmen von Ernst & Young Global Limited, einer Gesellschaft mit beschränkter Haftung nach englischem Recht.

Ernst & Young GmbH
Mittlerer Pfad 15
70499 Stuttgart
+49 (0)711 98810
www.de.ey.com/
managementberatung

Ansprechpartner
Markus Thomas Schweizer
Managing Partner
+41 58 2863111
markus.schweizer@
ch.ey.com

goetzpartners

Gründungsjahr	2004
Hauptsitz in Deutschland	München
Anzahl der Hauptstandorte 2013 weltweit	10
Anzahl der Hauptstandorte 2013 in Deutschland	3
Berater weltweit 2013	k.A.
Berater in Deutschland 2013	k.A.

goetzpartners ist ein unabhängiges europäisches Beratungsunternehmen, das M&A-Beratung (Mergers & Acquisitions) und Management Consulting unter einem Dach kombiniert. Es berät Unternehmen entlang ihrer gesamten Wertschöpfungskette. Die Gruppe ist mit Büros in München, Düsseldorf, Frankfurt, London, Madrid, Moskau, Paris, Prag, Shanghai und Zürich sowie internationalen Kooperationen vertreten.

Die Schwerpunkte von goetzpartners Management Consultants liegen in den Bereichen Strategie, Operational Excellence und Business Transformation.

Fokus von goetzpartners Corporate Finance ist die Beratung bei Unternehmenskäufen, -verkäufen und Fusionen.

goetzpartners wurde mehrfach für seine Beratungskompetenz ausgezeichnet. Zuletzt in der aktuellen »Hidden Champions«-Studie als beste Managementberatung im Bereich Corporate Finance und Management Consulting.

Der Beratungsfokus liegt auf den Branchen Energie und Versorgungsindustrie, Finanzdienstleistungen, Industrie inklusive Automobilindustrie sowie Telekommunikation, IT, Medien und E-Business.

goetzpartners
Prinzregentenstraße 56
80538 München
+49 (0)89 2907250
braun@goetzpartners.com
www.goetzpartners.com

Helbling Business Advisors

Gründungsjahr	1963
Hauptsitz in Deutschland	Düsseldorf
Anzahl der Hauptstandorte 2013 weltweit	4
Anzahl der Hauptstandorte 2013 in Deutschland	3
Berater weltweit 2013	80
Berater in Deutschland 2013	50

Helbling Business Advisors ist 2012 aus dem Zusammenschluss von Helbling Management Consulting und Helbling Corporate Finance entstanden. Das Beratungsunternehmen unterstützt seine Kunden in Fragen der Strategie, der Wertschöpfung und der Finanzierung.

Die Beratungsfelder umfassen die Bereiche Strategie und Markt, Operational Excellence, Innovationsmanagement, Mergers & Acquisitions, Restructuring/Turnaround Management sowie Financial Advisory.

Helbling Business Advisors ist Teil der Helbling-Gruppe, die als interdisziplinärer Leistungsverbund innovationsorientierte Engineering- und Consulting-Dienstleistungen anbietet und im Besitz von 23 aktiven Partnern ist. Die mehr als 450 Mitarbeiter der Helbling-Gruppe erwirtschafteten 2012 rund 90 Millionen Euro Umsatz.

Der Beratungsfokus liegt insbesondere auf produzierenden mittelständischen Unternehmen aus den Branchen Automobilindustrie, Bauindustrie, Konsumgüter, Maschinen- und Anlagenbau, Metall und Kunststoff.

Helbling Business Advisors GmbH
Neuer Zollhof 3
40221 Düsseldorf
+49 (0)211 13707
hcf@helbling.de
www.helbling.de

Horváth & Partners

Gründungsjahr	1981
Hauptsitz in Deutschland	Stuttgart
Anzahl der Hauptstandorte 2013 weltweit	11
Anzahl der Hauptstandorte 2013 in Deutschland	6
Berater weltweit 2013	400
Berater in Deutschland 2013	269

Horváth & Partners ist Spezialist für Unternehmenssteuerung und Performance-Optimierung in mittelständischen Unternehmen, öffentlichen Organisationen und Großunternehmen aus Industrie, Handel und Dienstleistungen. Die unabhängige, international tätige Managementberatung wurde 1981 in Stuttgart gegründet und ist mit Büros in Deutschland, Österreich, der Schweiz, Ungarn, Rumänien und den Vereinigten Arabischen Emiraten vor Ort präsent. Horváth & Partners ist Mitglied in der Beraterallianz Cordence Worldwide, ehemals Highland Worldwide. Damit kann das Unternehmen Beratungsprojekte in weiteren wichtigen Wirtschaftsregionen der Welt umsetzen.

Die Beratungsfelder umfassen die Bereiche Strategie, Organisation, Vertrieb, Operations, Einkauf, Controlling, Finanzen und IT und beziehen sich sowohl auf Gesamtorganisationen als auch auf Geschäfts- und Funktionsbereiche.

Im Bereich Unternehmenssteuerung konzipiert und realisiert Horváth & Partners Prozesse und Systeme zur ergebnisorientierten Führung nach strategischen und operativen Zielen. Die Managementberatung begleitet die Kunden von der betriebswirtschaftlichen Konzeption bis zu deren Verankerung in Prozessen und Systemen.

Der Beratungsfokus liegt auf den Branchen Automobilindustrie, Chemie, Finanzdienstleistungen, Handel, Konsumgüter und Industriegüter, Medien und Telekommunikation, Ölindustrie, Pharma, öffentlicher Dienst, Transport sowie Versorger.

Horváth & Partners
Königstraße 5 · Phoenixbau
70173 Stuttgart
+49 (0)711 669190
info@horvath-partners.com
www.horvath-partners.com

h&z Unternehmensberatung

Gründungsjahr	1997
Hauptsitz in Deutschland	München
Anzahl der Hauptstandorte 2013 weltweit	7
Anzahl der Hauptstandorte 2013 in Deutschland	3
Berater weltweit 2013	100
Berater in Deutschland 2013	90

Die h&z Unternehmensberatung AG gehört mit sieben Standorten in München, Düsseldorf, Dubai, Hamburg, Paris, Wien und Zürich zu Europas führenden Unternehmensberatungen für Business Transformation in den Bereichen Einkauf und Supply Chain, Produktion und Technologie, Vertrieb und Wachstum sowie Service. Seit mehr als 16 Jahren lassen sich Konzerne und renommierte Mittelständler aller Branchen von h&z beraten, 98 Prozent der Kunden beauftragen das Beratungsunternehmen wiederkehrend.

h&z arbeitet themenübergreifend und verfügt über Erfahrungen in Branchen wie beispielsweise Maschinen- und Anlagenbau, Automobilindustrie, Elektronik- und Automatisierungsindustrie, Konsumgüter, Handel, Medizintechnik, Verkehrstechnik, Energie, erneuerbare Energien, Prozessindustrie, Luft- und Raumfahrt sowie im Dienstleistungsbereich bei Banken, Fonds und Versicherungen.

Mehrfach wurde das Unternehmen in den letzten Jahren ausgezeichnet, unter anderem zuletzt mit dem »Hidden Champions«-Award für Business Excellence sowie mit dem Award als »Deutschlands Bester Arbeitgeber«. In der h&z Business Academy werden zudem Kundenmitarbeiter qualifiziert.

Seit 2010 ist das Consulting-Unternehmen Mitglied der Transformation Alliance – eines Zusammenschlusses unabhängiger europäischer Strategie- und Managementberatungen. Zusätzlich zu den h&z-Büros ist ein internationales Netzwerk mit 13 Standorten weltweit etabliert. Mehr als 350 Berater arbeiten in der Transformation Alliance für Kundenprojekte.

h&z Unternehmensberatung AG
Neuturmstraße 5
80331 München
+49 (0)89 2429690
munich@huz.de
www.huz.de

IBM Deutschland

Gründungsjahr	1910
Hauptsitz in Deutschland	Ehningen
Anzahl der Hauptstandorte 2013 weltweit	k.A.
Anzahl der Hauptstandorte 2013 in Deutschland	30
Berater weltweit 2013	k.A.
Berater in Deutschland 2013	k.A.

IBM gehört zu den weltweit größten Anbietern im IT-Sektor bei B2B-Lösungen. Vor mehr als 100 Jahren gegründet, hat sich IBM immer wieder neu definiert und ist zu einer der stärksten Marken der Welt aufgestiegen. Um diese Vorreiterposition zu stärken, investiert IBM jährlich rund sechs Milliarden US-Dollar in Forschung und Entwicklung.

Das Lösungsportfolio reicht vom Supercomputer – wie beispielsweise dem schnellsten Rechner der Welt, dem Sequoia, oder dem SuperMUC im Leibniz-Rechenzentrum bei München – über Software und Dienstleistungen, inklusive Beratungsleistungen, bis zur Finanzierung. Mit weltweiten Teams und in Zusammenarbeit mit rund 120.000 Geschäftspartnern unterstützt IBM Kunden unterschiedlichster Größe bei Projekten und entwickelt gleichzeitig individuelle und flexibel finanzierbare Lösungen.

Die Unternehmensberatung IBM Global Business Services mit Beratern und Spezialisten in mehr als 160 Ländern ist das weltweit größte Beratungshaus. Sie bietet für alle Branchen und unternehmerischen Fragestellungen Strategie- und Prozess-Know-how in Kombination mit technologischer Expertise. Die Angebote und Services sind darauf ausgerichtet, Mitarbeiter, Prozesse und Systeme an notwendige Veränderungen anzupassen.

IBM Deutschland GmbH
IBM-Allee 1
71139 Ehningen
+49 (0)7034 150 oder 0800 2255426
halloibm@de.ibm.com
www.ibm.com/ibm/de

Inverto

Gründungsjahr	2000
Hauptsitz in Deutschland	Köln
Anzahl der Hauptstandorte 2013 weltweit	10
Anzahl der Hauptstandorte 2013 in Deutschland	2
Berater weltweit 2013	115
Berater in Deutschland 2013	100

Die Inverto AG ist eine international tätige Unternehmensberatung, die sich auf Einkauf und Supply Chain Management spezialisiert hat. Das Unternehmen unterstützt seine Kunden bei der Identifikation und Bewertung von Potenzialen zur Kostensenkung und Leistungssteigerung, bei der Professionalisierung ihrer Organisation sowie bei der Umsetzung von Optimierungsprogrammen.

Nach eigenen Aussagen hat Inverto im Rahmen seiner Kundenprojekte in mehr als 2.000 Initiativen ein Einkaufsvolumen von 6,3 Milliarden Euro bearbeitet und insgesamt 703 Millionen Euro an Einsparungen erzielt.

Das Unternehmen ist sowohl für die weltweit größten Private-Equity-Investoren als auch für Familienunternehmen tätig. Zu den Kunden zählen marktführende Mittelständler und Konzerne unter anderem aus den Branchen Automobilindustrie, Gesundheit, Handel, Konsumgüter, Maschinenbau sowie der Pharmaindustrie.

Der Beratungsfokus liegt auf den Bereichen Rohstoff-, Marketing-, Verpackungs- und Logistikeinkauf sowie auf der Beschaffung im Projektgeschäft.

Inverto AG
Lichtstraße 43i
50825 Köln
+49 (0)221 4856870
www.inverto.com

Ansprechpartner
Dr. Frank Wierlemann
Managing Partner
fwierlemann@inverto.com

Kerkhoff Consulting

Gründungsjahr	1999
Hauptsitz in Deutschland	Düsseldorf
Anzahl der Hauptstandorte 2013 weltweit	8
Anzahl der Hauptstandorte 2013 in Deutschland	1
Berater weltweit 2013	180
Berater in Deutschland 2013	74

Die Kerkhoff Consulting GmbH ist Beratungsspezialist für Projekte im Einkauf, in der Beschaffung und im Supply Chain Management. Im Mittelpunkt der Beratungsmandate stehen alle Unternehmensprozesse – vom Kunden bis zum Lieferanten. Das Unternehmen hat seinen Hauptsitz in Düsseldorf und ist weltweit in neun Ländern vertreten. Es berät vor allem Kunden aus dem Mittelstand sowie Konzerne und die öffentliche Hand. Die Projekte für Einkauf, Beschaffung und Supply Chain Management sind umsetzungsorientiert.

Ein Schwerpunkt ist die Optimierung des Einkaufs – von der Kostenreduzierung durch cleveres Lieferantenmanagement über die Veränderung einer Einkaufsorganisation und Compliance Management für den Einkauf bis hin zur Entwicklung von Kennzahlenmodellen zur Erfolgsmessung des Einkaufsmanagements.

Zudem berät das Düsseldorfer Unternehmen seine Kunden im Supply Chain Management, etwa bei der Definition von Supply-Chain-Strategien, bei der Gestaltung globaler Planungsprozesse und bei der Optimierung des Working-Capital-Managements. In den Jahren 2009 und 2012 wurde Kerkhoff von der Fachzeitschrift *Capital* als »Hidden Champion des Beratungsmarktes« ausgezeichnet. Die *WirtschaftsWoche* hat dem Beratungsunternehmen in den Jahren 2010, 2011 und 2013 den Award »Best of Consulting« in der Kategorie Supply Chain Management verliehen.

Der Beratungsfokus liegt auf den Branchen Anlagenbau, Automobilindustrie und Automobilzulieferer, Banken und Versicherungen, Gesundheitswesen, Handel und Konsumgüter, Internet und Medien, Maschinenbau sowie Transport, Verkehr und Logistik.

Kerkhoff Consulting GmbH
Elisabethstraße 5
40217 Düsseldorf
+49 (0)211 621806133
d.schaefer@kerkhoff-consulting.de
www.kerkhoff-consulting.de

Kienbaum Management Consultants

Gründungsjahr	1945
Hauptsitz in Deutschland	Gummersbach/Düsseldorf
Anzahl der Hauptstandorte 2013 weltweit	33
Anzahl der Hauptstandorte 2013 in Deutschland	13
Berater weltweit 2013	254
Berater in Deutschland 2013	226

Kienbaum Management Consultants verbindet als einziges deutsches Beratungsunternehmen klassische Managementberatung und Human-Resources-Beratung integriert unter einem Dach. Der integrierte Kienbaum-Projektansatz ermöglicht die Beratung der Kunden aus einer Hand, ohne Schnittstellenprobleme und Koordinationsaufwand.

Seit mehr als 60 Jahren unterstützt Kienbaum Unternehmen bei Veränderungsherausforderungen. Die Beratung gestaltet Transformationsprozesse ganzheitlich auf den Ebenen Menschen, Prozesse, Systeme und Strukturen. Im Mittelpunkt des Verständnisses von Kienbaum als Managementberater steht der Mensch. Als Träger von Entwicklung und Veränderung ist er die entscheidende Stellgröße wandlungsfähiger und erfolgreicher Unternehmen.

»Erfolgreiche Unternehmenstransformation zeichnet sich durch aufeinander abgestimmte und nachhaltige Veränderungen bei Systemen, Prozessen und Mitarbeitern aus. Solche Veränderungen haben stets sowohl eine funktional-inhaltliche als auch eine verhaltens- und kulturbezogene Seite«, beschreibt das Beratungsunternehmen sein Selbstverständnis. »Nur wer beides gleichermaßen im Blick hat, führt Transformationsprojekte zum Erfolg.«

Kienbaum Management Consultants
Hafenspitze/Speditionstraße 21
40221 Düsseldorf
+49 (0)211 9659263
www.kienbaum.de

Ansprechpartner
Markus Diederich
Geschäftsführer
petra.reuter@kienbaum.de

Kloepfel Consulting

Gründungsjahr	2006
Hauptsitz in Deutschland	Düsseldorf
Anzahl der Hauptstandorte 2013 weltweit	9
Anzahl der Hauptstandorte 2013 in Deutschland	3
Berater weltweit 2013	170
Berater in Deutschland 2013	130

Die Kloepfel Consulting GmbH berät mittelständische Unternehmen in der Optimierung der Beschaffungs- und Produktkosten. Die interdisziplinären Teams aus Kaufleuten und Ingenieuren verfügen über Beratungserfahrung aus Unternehmen vieler Branchen. Das multinationale Beratungsunternehmen analysiert und optimiert die Einkaufsstruktur in den Fragestellungen Einkaufsziele und -strategien, Einkaufsprozess, Einkaufsorganisation, Einkaufsmitarbeiter, Einkaufsmethoden und Einkaufstools. Das Unternehmen arbeitet strikt umsetzungsorientiert. Die Vergütung der Berater erfolgt zu 100 Prozent aus dem erzielten Einsparerfolg.

In den Projekten werden die internationalen Management-Erfahrungen kombiniert mit lokalem Know-how. Mit Partnern in Amerika, Asien und Osteuropa können die Kostenoptimierer auf einen globalen Wissenspool zugreifen.

Der Beratungsfokus liegt auf der produzierenden Industrie (branchenübergreifend), der Konsum- und Lebensmittelindustrie, dem Handel, der öffentlichen Beschaffung, den erneuerbaren Energien sowie Dienstleistungsunternehmen.

Als Referenzen benennt Kloepfel Consulting unter vielen anderen Unternehmen die Hock-Gruppe und Kiekert im Automobil- und Fahrzeugbau, im Baugewerbe die Bauhütte Leitl-Werke sowie Heim & Haus, CWS-boco international und FC Schalke 04 bei den Dienstleistungsunternehmen, Pelican Vertriebsgesellschaft, Rügenwalder Mühle Carl Müller und Valensina in der Konsumgüterindustrie sowie Schott Solar und REpower im Bereich der erneuerbaren Energien.

Kloepfel Consulting GmbH
Pempelforter Straße 50
40211 Düsseldorf
+49 (0)211 78825940
info@kloepfel-consulting.com
www.kloepfel-consulting.com

KPMG

Gründungsjahr	1890
Hauptsitz in Deutschland	Berlin
Anzahl der Hauptstandorte 2013 weltweit	in 156 Ländern
Anzahl der Hauptstandorte 2013 in Deutschland	25
Berater weltweit 2013	k.A.
Berater in Deutschland 2013	2.300

KPMG ist ein weltweites Netzwerk rechtlich selbstständiger Firmen mit rund 152.000 Mitarbeitern in 156 Ländern. Es gehört auch in Deutschland zu den führenden Wirtschaftsprüfungs- und Beratungsunternehmen und ist hier mit rund 8.600 Mitarbeitern an 25 Standorten präsent. Die Leistungen gliedern sich in die Geschäftsbereiche Audit, Tax und Advisory.

KPMG berät Unternehmen zu allen Fragestellungen entlang der gesamten Wertschöpfungskette, beispielsweise bei der Entwicklung neuer Geschäftsmodelle, der Optimierung der Supply Chain ebenso wie zu Steuerungskonzepten und zu Fragen rund um Cyber Security.

Für wesentliche Wirtschaftsbranchen hat KPMG eine bereichsübergreifende Spezialisierung vorgenommen, mit der insbesondere Familienunternehmen, Corporates, Staat und öffentliche Hand sowie das Finanzwesen praxisnah beraten werden.

Die Begleitung von Transformationsprojekten ist ein Kernthema der Beratung. Dabei setzt die Beratungsgesellschaft auf eine multidisziplinäre Ausrichtung der Geschäftsbereiche Audit, Tax, Transactions & Restructuring und Consulting. Dadurch werden Kunden in betriebswirtschaftlichen, prozessualen, steuerlichen sowie rechtlichen Einzelfragen beraten.

KPMG betreut Mandanten jeder Größe und aus allen Branchen – vom mittelständischen Autozulieferer über die Regionalbank bis hin zum internationalen Pharma- oder Medienunternehmen.

KPMG AG Wirtschaftsprüfungsgesellschaft
Klingelhöferstraße 18
10785 Berlin
+49 (0)30 20680
information@kpmg.de
www.kpmg.de

KPS

Gründungsjahr	2000
Hauptsitz in Deutschland	Unterföhring/München
Anzahl der Hauptstandorte 2013 weltweit	4
Anzahl der Hauptstandorte 2013 in Deutschland	3
Berater weltweit 2013	180
Berater in Deutschland 2013	180

Die KPS AG ist die führende Transformationsberatung für den Handel in Europa. Seit über einem Jahrzehnt berät die Beratungsgesellschaft KPS Consulting ihre Kunden in Strategie-, Prozess- und Technologiefragen, verbunden mit der Umsetzungskompetenz der Implementierung.

Das Beratungsunternehmen setzt komplexe Transformationsprojekte bei Groß- und Mittelstandsunternehmen in ganz Europa um. Die Rapid-Transformation®-Methode von KPS sichert Projekttransparenz und parallelisiert die Entwicklung von Strategie, Prozessdesign auf Basis des KPS-Referenzmodells und die Implementierung der Prozesse in der SAP-Systemumgebung.

Neben der strategischen Beratung und Prozessoptimierung unterstützt das Unternehmen seine Kunden durch die ganzheitliche Umsetzung und Implementierung von Systemen für alle Prozesse entlang der gesamten Wertschöpfungskette: E-Business und Cross-Channel Sales, Supply Chain Management, Logistik und Transport, Finanzen und Controlling bis hin zu Enterprise Performance und Information Management.

Der Beratungsfokus liegt auf den Branchen Groß- und Einzelhandel, Konsumgüterindustrie, Prozessindustrie sowie Dienstleistungen.

Referenzkunden sind beispielsweise Fressnapf, Hugo Boss, Esprit, Escada, Dansk Supermarked, Bestseller A/S, Autoteile Trost, ecco, SportScheck, Gebr. Heinemann, Bayer, Boeing, Bosch, Eurocopter, Merck, Woellner, VW/Audi, Webasto, ThyssenKrupp, Lufthansa, Deutsche Bahn.

KPS AG
Beta-Straße 10H
85774 Unterföhring
+49 (0)89 356310
www.kps-consulting.com

Ansprechpartner
Julia Wagner
Unternehmenskommunikation
julia.wagner@
kps-consulting.com

Management Partner

Gründungsjahr	1970
Hauptsitz in Deutschland	Stuttgart
Anzahl der Hauptstandorte 2013 weltweit	1
Anzahl der Hauptstandorte 2013 in Deutschland	1
Berater weltweit 2013	60
Berater in Deutschland 2013	60

Die 1970 gegründete Management Partner GmbH mit Sitz in Stuttgart und rund 100 Mitarbeitern ist Spezialist für Organisations- und Unternehmensentwicklung. Zu ihren Kunden zählen Unternehmen des industriellen Mittelstands, Finanzdienstleistungsunternehmen, Geschäftsbereiche von Konzernen sowie Dienstleistungsunternehmen.

Die Expertise reicht von Strategieentwicklung, Markt- und Vertriebskonzepten über Struktur- und Standortthemen bis zu Führungskräfte- und Personalentwicklung sowie Kultur- und Führungsthemen.

Seit 1992 hat sich Management Partner mit elf Beratungsunternehmen zwischen Schweden und Spanien zum Netzwerk Allied Consultants Europe (ACE) zusammengeschlossen. Mit rund 700 Beratern in Europa sowie Kooperationen in den USA, Zentral- und Lateinamerika und Asien bietet das Stuttgarter Beratungsunternehmen seinen Kunden internationale Kompetenz.

Management Partner wurde 1970 als Managementberatung für Strategie- und Organisationsentwicklung einschließlich operativer Kernkompetenzen gegründet. Das Unternehmen ist in den Beratungsfeldern »Strategie«, »Marketing und Vertrieb«, »Hochleistungsorganisation«, »Unternehmenssteuerung«, »Change Management« sowie »Kultur und Führung« tätig.

Als Referenzen benennt das Unternehmen unter anderem die Sparkasse Bielefeld in der Strategieberatung, Faber-Castell im Bereich Marketing und Vertrieb, Wepa Papierfabrik für die Beratung im Bereich Hochleistungsorganisation, die Sparkasse Dessau im Change Management sowie die Deutsche Messe Hannover bei Kultur und Führung.

Management Partner GmbH
Heinestraße 41 A
70597 Stuttgart
+49 (0)711 76830
infobox@management-partner.de
www.management-partner.de

McKinsey & Company

Gründungsjahr	1926
Hauptsitz in Deutschland	Düsseldorf
Anzahl der Hauptstandorte 2013 weltweit	102
Anzahl der Hauptstandorte 2013 in Deutschland	7
Berater weltweit 2013	9.500
Berater in Deutschland 2013	1.300

McKinsey & Company, Inc. ist die in Deutschland und weltweit führende Unternehmensberatung für das Top-Management. Zu den Klienten gehört die Mehrzahl der 100 größten Industrieunternehmen der Welt. In Deutschland zählen 28 der 30 DAX-Konzerne zu den Klienten. Darüber hinaus berät McKinsey den wachstumsstarken Mittelstand, viele führende Banken und Versicherungsgesellschaften, Regierungsstellen sowie private und öffentliche Institutionen.

In Deutschland und Österreich ist McKinsey mit Büros an den Standorten Berlin, Düsseldorf, Frankfurt am Main, Hamburg, Köln, München, Stuttgart und Wien aktiv, weltweit mit 102 Büros in 52 Ländern. Das Fachwissen ist in Practices gebündelt.

Die Verknüpfung von industrieller und funktionaler Expertise erlaubt McKinsey einen einzigartigen Beratungsansatz.

Die Industry Practices analysieren die relevanten Märkte, entwickeln Industrieszenarien und verfeinern Geschäftsmodelle. Sie setzen sich mit den relevanten technologischen und regulatorischen Rahmenbedingungen ebenso auseinander wie mit den künftigen Herausforderungen in ihren Industrien.

Die Functional Practices sind stets auf der Höhe des Wissens in klassischen Managementdisziplinen wie Marketing oder Organisation. Sie beschäftigen sich mit zentralen Top-Management-Fragen von der Strategie über die Geschäftsentwicklung bis zum E-Commerce.

McKinsey & Company, Inc.
Kennedydamm 24
40027 Düsseldorf
+49 (0)211 13640
contact_us@mckinsey.com
www.mckinsey.de

Mercer Deutschland

Gründungsjahr	1975
Hauptsitz in Deutschland	Frankfurt am Main
Anzahl der Hauptstandorte 2013 weltweit	170
Anzahl der Hauptstandorte 2013 in Deutschland	8
Berater weltweit 2013	14.000
Berater in Deutschland 2013	470

Mercer zählt zu den führenden internationalen Anbietern von Beratungs- und Dienstleistungen für das Personal- und Finanzmanagement. Das Unternehmen ist mit 20.000 Mitarbeitern in mehr als 40 Ländern tätig, in Deutschland ist Mercer mit über 600 Mitarbeitern vertreten. Zu den Kunden gehören multinationale Konzerne ebenso wie kleinere mittelständische Unternehmen der unterschiedlichsten Branchen.

Das Unternehmen, das Teil von Marsh & McLennan Companies ist, entwickelt und realisiert individuelle Human-Resources-Strategien und darauf abgestimmte Investment-Lösungen.

Das Dienstleistungsspektrum von Mercer Deutschland umfasst sieben Dienstleistungsfelder: Human Capital befasst sich mit den Themen Vergütungsstrategie, Talent Management, Vorstandsvergütung und Neustrukturierung der HR-Funktion. Im Bereich Studien & Produkte bietet der Spezialist Unternehmen eine umfassende Datenbasis mit weltweiten HR-Informationen, wie etwa globalen Vergütungsdaten oder Informationen zu betrieblichen Nebenleistungen. Im Bereich Retirement, Risk & Finance berät Mercer zur betrieblichen Altersvorsorge. Zudem ist das Unternehmen ein führender Anbieter von Investment-Consulting-Dienstleistungen, berät im Bereich Mergers & Acquisitions Kunden zu Unternehmenstransaktionen und unterstützt seine Kunden im Bereich Benefit Outsourcing bei der Verwaltung ihrer betrieblichen Nebenleistungsangebote.

Mercer Deutschland GmbH
Lyoner Straße 36
60528 Frankfurt am Main
+49 (0)69 6897780
martin.haep@mercer.com
www.mercer.de

Miebach Consulting

Gründungsjahr	1973
Hauptsitz in Deutschland	Frankfurt am Main
Anzahl der Hauptstandorte 2013 weltweit	20
Anzahl der Hauptstandorte 2013 in Deutschland	3
Berater weltweit 2013	300
Berater in Deutschland 2013	100

Die Miebach Consulting GmbH bietet Supply-Chain-Beratung und Ingenieurleistungen in Logistik und Produktion. Das Unternehmen gestaltet und realisiert für seine Kunden Netzwerkstrukturen, Prozesse und Einrichtungen entlang der gesamten Supply Chain. Die über vier Jahrzehnte und in einer Vielzahl von Projekten gewachsene Erfahrung wurde zum methodischen Ansatz des Supply Chain Engineering weiterentwickelt: Strategie, Organisation und Technologie finden Anwendung, um durch Best-in-Class-Lösungen Wettbewerbsvorteile zu sichern. Miebach-Kunden haben national wie international zahlreiche Logistik-Preise gewonnen.

Das Unternehmen wurde 1973 von Dr.-Ing. Joachim Miebach gegründet und wuchs mit der Globalisierung. Zu seinen Kunden zählen Konzerne und der global agierende Mittelstand. Als Beratungs- und Umsetzungspartner bietet die Miebach-Gruppe ihre Leistungen weltweit mit 20 Büros in Asien, Europa, Nord- und Südamerika an. Mit über 300 Mitarbeitern gehört das Unternehmen zu den international führenden Beratern für Logistik und Supply Chain Design.

Im Zentrum der Beratungstätigkeit stehen die Branchen Automobilindustrie, Fast Moving Consumer Goods (FMCG), Handel und E-Commerce, Mode, Logistik-Dienstleister sowie Pharma.

Als Referenzkunden und -projekte benennt das Unternehmen Carl Zeiss mit Supply Chain Transformation, BMW mit Variantenmanagement, Lufthansa Cargo mit Konzept- und Detailplanung von Cargo Hub Frankfurt Airport, Hugo Boss mit Konzeption und Realisierung eines Hängewarenlagers sowie Geberit mit Konzeption und Realisierung des Zentrallagers Europa.

Miebach Consulting GmbH
Untermainanlage 6
60329 Frankfurt am Main
+49 (0)69 2739920
frankfurt@miebach.com
www.miebach.com

Oliver Wyman Group

Gründungsjahr	1984
Hauptsitz in Deutschland	München
Anzahl der Hauptstandorte 2013 weltweit	mehr als 50 Büros in 25 Ländern
Anzahl der Hauptstandorte 2013 in Deutschland	k.A.
Berater weltweit 2013	k.A.
Berater in Deutschland 2013	k.A.

Die Oliver Wyman Group ist eine international führende Managementberatung mit weltweit 3.500 Mitarbeitern in mehr als 50 Büros in 25 Ländern. Das Unternehmen verbindet Branchenspezialisierung mit Methodenkompetenz bei Strategieentwicklung, Prozessdesign, Risikomanagement und Organisationsberatung. Gemeinsam mit Kunden entwirft und realisiert Oliver Wyman Wachstumsstrategien. Oliver Wyman unterstützt Unternehmen dabei, ihre Geschäftsmodelle, Prozesse, IT, Risikostrukturen und Organisationen zu verbessern, Abläufe zu beschleunigen und Marktchancen zu nutzen.

Oliver Wyman ist eine hundertprozentige Tochter von Marsh & McLennan Companies, einem globalen Verbund von Dienstleistungsunternehmen, die Kunden Beratung und Lösungen in den Bereichen Strategie, Risiko- und Personalmanagement bieten. Mit weltweit mehr als 53.000 Mitarbeitern und einem Jahresumsatz von über elf Milliarden US-Dollar ist Marsh & McLennan Companies auch Muttergesellschaft von Marsh, dem weltweit führenden Industrieversicherungsmakler und Risikoberater, Guy Carpenter, einem weltweit führenden Rückversicherungsmakler, sowie Mercer, einer weltweit führenden Beratung für Talent, Health, Retirement und Investments.

Oliver Wyman Group
Müllerstraße 3
80469 München
+49 (0)89 939490
stefanie.hauck@oliverwyman.de
www.oliverwyman.de

Porsche Consulting

Gründungsjahr	1994
Hauptsitz in Deutschland	Bietigheim-Bissingen
Anzahl der Hauptstandorte 2013 weltweit	6
Anzahl der Hauptstandorte 2013 in Deutschland	2
Berater weltweit 2013	k.A.
Berater in Deutschland 2013	k.A.

Die Porsche Consulting GmbH ist eine weltweit tätige Managementberatung. Sie setzt auf die Kombination aus praxiserprobten Konzepten und schneller Umsetzung durch erfahrene Berater. Zu den Klienten gehören global tätige Konzerne sowie mittelständische Unternehmen.

Die Berater richten ihren Fokus auf alles, was Wert schafft, die Vermeidung von Verschwendung und die kontinuierliche Verbesserung der eigenen Leistungsfähigkeit. Porsche Consulting steht für messbare Resultate, dauerhaft funktionierende Lösungen und die Befähigung der Kunden zur Selbsthilfe. Klienten sollen im operativen Geschäft die Besten in ihrem Segment werden. Erarbeitete Lösungen werden gemeinsam mit den Mitarbeitern umgesetzt.

Der Beratungsfokus liegt auf den Branchen Automobil- und Zulieferindustrie, Bauindustrie, (Finanz-)Dienstleister, Gesundheitswesen, Konsumgüter und Handel, Luft- und Raumfahrt, Maschinen- und Anlagenbau, Papier, Druck und Verpackung, Pharma und Medizintechnik, Software und Elektronik, Logistik, Transport und Verkehr.

Im Branchenvergleich »Best of Consulting« der *WirtschaftsWoche* wurde Porsche Consulting im Oktober 2013 als beste der 40 größten deutschen Unternehmensberatungen ausgezeichnet. Basis war die Befragung von Top-Managern aus 1.500 Großunternehmen. Zum Gesamtsieg trug die hohe Wertsteigerung bei den Klienten, aber auch ein herausragender Projekterfolg bei: Den Beratern gelang es, die Software-Entwicklung im SAP-Konzern um 50 Prozent zu beschleunigen.

Porsche Consulting GmbH
Porschestraße 1
74321 Bietigheim-Bissingen
+49 (0)711 91112111
kontakt@porsche-consulting.com
www.porscheconsulting.com

Putz & Partner

Gründungsjahr	1989
Hauptsitz in Deutschland	Hamburg
Anzahl der Hauptstandorte 2013 weltweit	1
Anzahl der Hauptstandorte 2013 in Deutschland	1
Berater weltweit 2013	70
Berater in Deutschland 2013	70

Die Putz & Partner Unternehmensberatung AG begleitet ihre Kunden in unternehmenskritischen Projekten – von der Strategieentwicklung bis zur operativen Umsetzung. Das Leistungsspektrum umfasst die Unternehmensberatung, das Projektmanagement sowie das Interimsmanagement. Die Managementberaterinnen und -berater von Putz & Partner haben durchschnittlich 15 Jahre Führungs- und Berufserfahrung. Vom Standort Hamburg aus unterstützen sie die Kunden vor Ort im gesamten Bundesgebiet und in Europa. Zu den mehr als 500 Kunden zählen allein zehn der 30 DAX-Unternehmen.

Der Beratungsfokus liegt auf den Branchen Energieversorger, Handel & Konsumgüter, Industriegüter, Telekommunikation sowie Transport, Verkehr und Logistik.

Als Referenzkunden benennt das Unternehmen Deutsche Bahn, E.ON, Kabel BW, Lufthansa, Metro Group, Otto Group, Siemens, Telefónica Deutschland, Unitymedia, Vattenfall sowie Vossloh Transportation.

Putz & Partner Unternehmensberatung AG
Gertrudenstraße 2
20095 Hamburg
+49 (0)40 3508140
info@putzundpartner.de
www.putzundpartner.de

PwC

Gründungsjahr	1849
Hauptsitz in Deutschland	Frankfurt am Main
Anzahl der Hauptstandorte 2013 weltweit	in 157 Ländern
Anzahl der Hauptstandorte 2013 in Deutschland	28
Berater weltweit 2013	40.000
Berater in Deutschland 2013	1.700

PwC unterstützt Konzerne, Finanzdienstleister, mittelständische Unternehmen und die öffentliche Hand dabei, ihre Wachstumsziele zu erreichen. Die Beraterinnen und Berater von PwC begleiten ihre Mandanten entlang der gesamten Wertschöpfungskette. Die Beratungsschwerpunkte decken die Management-Agenda der Mandanten ab, einschließlich betriebs- und finanzwirtschaftlicher, regulatorischer sowie technologischer Fragen. Neben der Strategie-, Marketing- und Innovationsberatung gehören Investitions-, Einkaufs- und Supply-Chain-Projekte ebenso zur Expertise wie Unternehmenstransaktionen, Wirtschaftsförderung, Risikomanagement, die forensische Beratung und die Geschäftsprozessoptimierung.

PwC entwickelt gemeinsam mit den Mandanten Lösungen für Wachstum und nachhaltige Wertsteigerung. Der Beratungsfokus liegt auf den Branchen Automobilindustrie, Energiewirtschaft, Finanzdienstleistungen, Gesundheitswesen und Pharma, Handel und Konsumgüter, industrielle Produktion, öffentlicher Sektor, Technologie, Medien und Telekommunikation sowie Transport und Logistik.

Im Dezember 2013 haben die Partner von Booz & Company dem Zusammenschluss mit PwC zugestimmt. Die Transaktion sollte voraussichtlich im ersten Quartal 2014 erfolgreich umgesetzt worden sein. Gemeinsam bilden PwC und Booz & Company eine weltweit führende Unternehmensberatung, die Strategiekonzepte, deren Implementierung und anschließende Erfolgsmessung aus einer Hand anbietet. Durch den Zusammenschluss schaffen PwC und Booz & Company eine Unternehmensberatung, die das Beste aus Strategy- und Operations-Consulting in sich vereint.

PricewaterhouseCoopers AG
Wirtschaftsprüfungsgesellschaft
Friedrich-Ebert-Anlage 35–37
60327 Frankfurt
+49 (0)69 95850
www.pwc.de

Ansprechpartner
Martin Scholich
Vorstand Geschäftsbereich
Advisory bei PwC
in Deutschland
+49 (0)69 95855600

Q_Perior

Gründungsjahr	2011
Hauptsitz in Deutschland	München
Anzahl der Hauptstandorte 2013 weltweit	10
Anzahl der Hauptstandorte 2013 in Deutschland	4
Berater weltweit 2013	400
Berater in Deutschland 2013	340

Q_Perior ist eine inhabergeführte Beratung mit Standorten in Deutschland, Schweiz, Österreich, der Slowakei, den USA und Kanada. Das Unternehmen entstand am 1. Juli 2011 aus der Fusion von agens Consulting, Esprit Consulting und paricon. Die Business- und IT-Beratung nimmt eine Führungsstellung im Bereich Financial Services ein und verfügt über branchenunabhängiges Expertenwissen in den Bereichen Audit & Risk, Beschaffung, Business Intelligence, Finanzen & Controlling, Kundenmanagement, Projekt- & Implementierungsmanagement, Strategisches IT-Management und Technologie. Das Beratungsangebot richtet sich vor allem an Großunternehmen und große Mittelständler. Zu den Kunden gehören namhafte Erst- und Rückversicherungen, Banken sowie Industrieunternehmen und öffentliche Verwaltungen. 2012 erwirtschaftete das Unternehmen mehr als 80 Millionen Euro Umsatz und ist damit zum wiederholten Mal unter den Top Ten der mittelständischen Managementberatungen (Lünendonk) gelistet. Q_Perior und seine Vorgängerunternehmen haben darüber hinaus mehrfach Qualitätssiegel für hervorragend realisierte Lösungen erhalten. Mit der Auszeichnung »Great Place to Work« gilt das Unternehmen als einer der besten Arbeitgeber in Deutschland.

Als Referenzkunden benennt das Unternehmen Allianz, BMW, Commerzbank, DEVK, DZ Bank, Ergo, Hessische Landesbank, Hannover Rück, Linde, Lufthansa, MAN, Max-Planck-Gesellschaft, Provinzial NordWest, Siemens, Schweizerische Bundesbahnen (SBB), Swisscom, Verbund, Vienna Insurance Group.

Q_Perior AG
Bavariaring 28
80336 München
+49 (0)89 455990
www.q-perior.com

Ansprechpartner
Karsten Höppner
Vorstand und Partner
karsten.hoeppner@q-perior.com

ROI Management Consulting

Gründungsjahr	1980
Hauptsitz in Deutschland	München
Anzahl der Hauptstandorte 2013 weltweit	5
Anzahl der Hauptstandorte 2013 in Deutschland	1
Berater weltweit 2013	mehr als 100
Berater in Deutschland 2013	65

Die ROI Management Consulting AG gehört mit mehr als 1.000 erfolgreichen Projekten zu den führenden Unternehmensberatungen für operative Exzellenz in Forschung & Entwicklung und Produktion. ROI hilft Industrieunternehmen, Produkte, Prozesse und Technologien aus ganzheitlicher Sicht optimal auf die veränderten Rahmenbedingungen einzustellen – auf globalisierte und wettbewerbsintensive Märkte, hohe Volatilität, zunehmenden Kosten- und Innovationsdruck und steigende Qualitätsanforderungen.

Die Kombination von Management- und Industrieerfahrung, Technologieexpertise, Lean-Management-Know-how, umfassender Kenntnis internationaler Entwicklungs- und Produktionsstandorte sowie die klare Umsetzungsorientierung zeichnen den Beratungsansatz von ROI aus.

1980 gegründet, beschäftigt das Unternehmen weltweit mehr als 100 Mitarbeiter an eigenen Standorten in München, Peking, Prag, Wien und Zürich und ist über Partnerbüros in Italien, Frankreich, Großbritannien, Thailand, Indien und den USA vertreten.

Der Beratungsfokus liegt auf den Branchen Automobil- und Zulieferindustrie, Nutzfahrzeuge, Hightech & Elektronik, Luft- und Raumfahrt, Maschinen- und Anlagenbau, Pharma und Medizintechnik sowie der Prozessindustrie.

ROI Management Consulting AG
Nymphenburger Straße 86
80636 München
+49 (0)89 1215900
www.roi.de

Ansprechpartner
Hans-Georg Scheibe
Vorstand
+49 (0)89 1215900
kontakt@roi.de

Roland Berger Strategy Consultants

Gründungsjahr	1967
Hauptsitz in Deutschland	München
Anzahl der Hauptstandorte 2013 weltweit	51
Anzahl der Hauptstandorte 2013 in Deutschland	6
Berater weltweit 2013	k.A.
Berater in Deutschland 2013	k.A.

Roland Berger Strategy Consultants, 1967 gegründet, ist unter den weltweit führenden Strategieberatungen die einzige mit europäischem Ursprung. Mit rund 2.700 Mitarbeitern und 51 Büros in 36 Ländern ist das Unternehmen auf dem Weltmarkt aktiv. Das Unternehmen berät international führende Industrie- und Dienstleistungsunternehmen sowie öffentliche Institutionen. Das Beratungsangebot umfasst alle Fragen strategischer Unternehmensführung – von der Ausrichtung beziehungsweise Einführung neuer Geschäftsmodelle und -prozesse sowie Organisationsstrukturen bis hin zur Technologiestrategie.

Roland Berger Strategy Consultants ist eine unabhängige Partnerschaft im ausschließlichen Eigentum von rund 250 Partnern. Das Unternehmen ist in globalen Kompetenzzentren organisiert. Industrie-Kompetenzzentren decken die großen Branchen ab und funktionale Kompetenzzentren bieten Know-how zu übergreifenden methodischen Fragestellungen. Für jedes Beratungsprojekt wird individuell das beste interdisziplinäre Team aus Experten mit branchenspezifischem und funktionalem Know-how zusammengestellt.

Gemeinsam mit den Klienten entwickelt Roland Berger maßgeschneiderte Konzepte. Die Strategieberatung legt dabei besonderen Wert auf die Begleitung der Umsetzungsphase.

Roland Berger Strategy Consultants kooperiert mit einer Reihe von Netzwerken und pflegt strategische Partnerschaften mit internationalen Unternehmen, Denkfabriken, Non-Profit-Organisationen und wissenschaftlichen Einrichtungen.

Roland Berger Strategy Consultants GmbH
Mies-van-der-Rohe-Straße 6
80807 München
+49 (0)89 92300
torsten.oltmanns@rolandberger.com
www.rolandberger.de

Simon-Kucher & Partners

Gründungsjahr	1985
Hauptsitz in Deutschland	Bonn
Anzahl der Hauptstandorte 2013 weltweit	27
Anzahl der Hauptstandorte 2013 in Deutschland	4
Berater weltweit 2013	690
Berater in Deutschland 2013	250

Die Beratungsarbeit der Simon-Kucher & Partners Strategy & Marketing Consultants GmbH ist auf »Smart Profit Growth« ausgerichtet. Im Fokus stehen Strategie, Marketing und Pricing. Die entwickelten Strategien zielen konsequent auf Wertsteigerung durch Kundennutzen und Wettbewerbsvorteile ab. Das Unternehmen setzt bevorzugt zahlenbasierte betriebswirtschaftliche Analysen und hoch entwickelte Methoden ein. Die Expertise von Simon-Kucher & Partners basiert auf mehr als 2.000 Projekten in den letzten drei Jahren.

Die Unternehmensberatung ist mit rund 690 Mitarbeitern in 27 Büros weltweit vertreten. Die Palette seiner Auftraggeber ist breit, die Kunden kommen aus den Bereichen Automobilindustrie, Chemie und Grundstoffe, Energie und Versorgung, Finanzdienstleistungen, Industrie und Maschinenbau, Handel und Konsumgüter, Pharma und Gesundheitswesen, Technologie und Software, Telekommunikation, Internet und Medien sowie Transport, Logistik und Tourismus.

Als Referenzen benennt Simon-Kucher & Partners unter anderem die Kunden adidas, Audi, BASF, Bayer, BMW, Continental, Danone, Deutsche Bank, Douglas, EnBW, Enel, E.ON, EVN, Grohe, Hochtief, Lekkerland, Mainova, Mercedes, Metro, Michelin, Panasonic, Philips, Porsche, Siemens, ThyssenKrupp, Tchibo, UBS, Volkswagen.

Bereits zweimal stufte das *manager magazin* (08/2007; 08/2011) das Bonner Beratungsunternehmen als Ergebnis einer Umfrage unter deutschen Top-Managern als besten Marketing- und Vertriebsberater ein. Simon-Kucher gilt als die weltweit führende Preisberatung.

Simon-Kucher & Partners
Strategy & Marketing
Consultants GmbH
Willy-Brandt-Allee 13
53113 Bonn
www.simon-kucher.com

Ansprechpartner
Dr. Georg Tacke
CEO
+49 (0)228 9843315
georg.tacke@simon-kucher.com

SIMON • KUCHER & PARTNERS
Strategy & Marketing Consultants

SKS Unternehmensberatung

Gründungsjahr	1999
Hauptsitz in Deutschland	Hochheim am Main
Anzahl der Hauptstandorte 2013 weltweit	5
Anzahl der Hauptstandorte 2013 in Deutschland	3
Berater weltweit 2013	227
Berater in Deutschland 2013	215

Die SKS Unternehmensberatung GmbH & Co. KG ist eine mittelständische Fach- und IT-Beratung, die vornehmlich mittlere bis große Finanzinstitute von der fachlichen Konzeption bis hin zur Realisierung begleitet. Das Unternehmen unterstützt seine Kunden in den Bereichen Externes Meldewesen, Risikomanagement, Bankensteuerung, Accounting & Controlling, Individual-Software-Entwicklung, Standardsoftware-Implementierung. Die Beratungsgesellschaft führt sowohl SAP-basierte als auch eigenentwickelte Individual-Software-Lösungen ein.

Die SKS Unternehmensberatung GmbH & Co. KG ist Teil der SKS Group, zu der außerdem die ibbs GmbH in Potsdam, die iBS AG in Wiesbaden, die interexa AG in Mainz sowie die Auslandstöchter in Österreich und Luxemburg gehören. Die Gruppe beschäftigt in den Segmenten SKS Advisory und SKS Solutions mehr als 290 fest angestellte Mitarbeiter.

Zu den Kunden gehören Landesbanken, Großbanken, Hypothekenbanken, Privatbanken, Rechenzentren, Lebensversicherungen, Krankenversicherungen, Schaden- und Unfallversicherungen sowie Pensionsfonds.

SKS Unternehmensberatung GmbH & Co. KG
Geheimrat-Hummel-Platz 4
65239 Hochheim am Main
+49 (0)6146 603705 oder 0700 3601700
info@sks-group.eu
www.sks-group.eu

Staufen AG

Gründungsjahr	1994
Hauptsitz in Deutschland	Köngen
Anzahl der Hauptstandorte 2013 weltweit	9
Anzahl der Hauptstandorte 2013 in Deutschland	1
Berater weltweit 2013	160
Berater in Deutschland 2013	105

Die Staufen AG versteht sich als internationale Lean-Management-Beratung zur Entwicklung von Unternehmen und deren Mitarbeitern.

Seine Kunden begleitet das Beratungsunternehmen bei der Bewältigung finanzieller Krisensituationen und der Implementierung schlanker Prozesse und Strukturen. Darüber hinaus qualifiziert es deren Mitarbeiter mit einem umfangreichen Schulungsprogramm der Staufen Akademie und durch Besuche bei Best-Practice-Unternehmen.

160 Praxisexperten arbeiten global von Standorten in Deutschland, China, Brasilien, Italien, Polen und der Schweiz aus. Die Berater und Interimsmanager sind Restrukturierungsspezialisten aus Top-Beratungen und ehemalige Führungskräfte aus Benchmark-Unternehmen.

2010 wurde Staufen mit dem Prädikat »Top-Consultant« und mit dem Asco-Award für hervorragende Beratungsleistungen ausgezeichnet. 2011 erhielt Staufen die Auszeichnung »Best of Consulting« des Wirtschaftsmagazins *WirtschaftsWoche*.

Der Beratungsfokus von Staufen liegt auf den Branchen Automobilindustrie, Elektroindustrie und Elektronik, Geräte- und Apparatebau, Konsumgüter, Maschinenbau, Medizintechnik, Luftfahrt, produzierende Industrie und Prozessindustrie.

Staufen AG
Blumenstraße 5
73269 Köngen
+49 (0)7024 80560
kontakt@staufen.ag
www.staufen.ag

The Boston Consulting Group

Gründungsjahr	1963
Hauptsitz in Deutschland	München
Anzahl der Hauptstandorte 2013 weltweit	78
Anzahl der Hauptstandorte 2013 in Deutschland	7
Berater weltweit 2012	6.200
Berater in Deutschland 2012	1.060

The Boston Consulting Group (BCG) ist eine internationale Managementberatung und weltweit führend auf dem Gebiet der Unternehmensstrategie. BCG unterstützt Unternehmen aus allen Branchen und Regionen dabei, Wachstumschancen zu nutzen und ihr Geschäftsmodell an neue Gegebenheiten anzupassen. In partnerschaftlicher Zusammenarbeit mit den Kunden entwickelt BCG individuelle Lösungen. Gemeinsames Ziel ist es, nachhaltige Wettbewerbsvorteile zu schaffen, die Leistungsfähigkeit des Unternehmens zu steigern und das Geschäftsergebnis dauerhaft zu verbessern.

BCG wurde 1963 von Bruce D. Henderson gegründet und ist heute an 78 Standorten in 43 Ländern vertreten. Das Unternehmen befindet sich im alleinigen Besitz seiner Geschäftsführer. In Deutschland und Österreich erwirtschaftete das Beratungsunternehmen im Jahr 2012 mit 1.060 Beraterinnen und Beratern einen Umsatz von 490 Millionen Euro.

BCG hat die Beratungsszene nachhaltig geprägt; in den letzten 40 Jahren sind viele Konzepte der Boston Consulting Group zum festen Bestandteil von Managementlehre und Unternehmenspraxis geworden.

Zu den Kunden von BCG zählen viele der 500 größten Unternehmen der Welt. Das Unternehmen berät jedoch auch mittelständische Unternehmen und Non-Profit-Organisationen.

The Boston Consulting Group
Ludwigstraße 21
80539 München
+49 (0)89 231740
presse@bcg.com
www.bcg.de

The Capital Markets Company

Gründungsjahr	1998
Hauptsitz in Deutschland	Frankfurt am Main
Anzahl der Hauptstandorte 2013 weltweit	20
Anzahl der Hauptstandorte 2013 in Deutschland	2
Berater weltweit 2013	2.000
Berater in Deutschland 2013	250

The Capital Markets Company GmbH, kurz: Capco, ist ein global agierender Anbieter von Beratungs-, Technologie- und Transformationsdienstleistungen. Capco fokussiert sich ausschließlich auf die Branche Banken, Versicherungen und andere Finanzdienstleistungen. Das Unternehmen bietet seinen Kunden Consulting-Expertise, komplexe Technologielösungen, Package Integration und Managed Services. Dabei entwickelt es Transformationsstrategien und betreibt auf Wunsch auch die Umsetzung. Seit der Gründung im Jahr 1998 wächst es Jahr für Jahr und ist aktuell an 20 Finanzmetropolen weltweit mit Büros vertreten.

Den deutschen Markt bedient Capco von zwei Städten aus: Frankfurt am Main und Düsseldorf. Insgesamt arbeiten in Deutschland 15 Partner und rund 280 Mitarbeiter für Capco. Das Unternehmen ist seit 2011 Teil von FIS.

Die Beratungsfelder umfassen in Deutschland die Bereiche Banking, Capital Markets, Finance, Risk & Compliance sowie Insurance. An anderen Standorten kommen diese Beratungsfelder ergänzt durch Global Delivery, Technology und Wealth & Investment Management.

Capco – The Capital Markets Company GmbH
Neue Mainzer Straße 28
60311 Frankfurt
+49 (0)69 97609000
germany@capco.com
www.capco.de

Theron Advisory Group

Gründungsjahr	1993
Hauptsitz in Deutschland	Berlin
Anzahl der Hauptstandorte 2013 weltweit	7
Anzahl der Hauptstandorte 2013 in Deutschland	5
Berater weltweit 2013	67
Berater in Deutschland 2013	58

Die Theron Advisory Group ist eine von Partnern führender internationaler Beratungsunternehmen gegründete Top-Management-Beratung. Sie unterstützt ihre Klienten mit dem gesamten Instrumentarium der Beratung – von der strategischen Neuausrichtung über die Stärkung des operativen Geschäfts bis hin zur Restrukturierung. Dabei stehen neben der Organisationsentwicklung und dem Ausbau der Kernfähigkeiten der Klienten zunehmend Fragen der Steigerung der Wettbewerbsfähigkeit durch Digitalisierung und IT-Kompetenz im Vordergrund.

Theron verfolgt einen integrativen Beratungsansatz. Über methodische Kompetenz und Fach- wie Branchen-Know-how hinaus begleitet und fördert die Beratung Veränderungsprozesse in Unternehmen.

Zu den Kunden zählen führende internationale Konzerne und deren Tochtergesellschaften genauso wie inhabergeführte und mittelständische Unternehmen. Mit vielen von ihnen arbeitet das Beratungsunternehmen schon seit Jahren in unterschiedlichen Projekten zusammen.

Bei Theron sind die Partner auch Berater und direkt in die Projekte involviert.

Der Beratungsfokus liegt auf den Branchen Automobilindustrie, Maschinen- und Anlagenbau, Finanzdienstleistungen, Chemieindustrie, IT und Telekommunikation, Ver- und Entsorger, Post und Logistik.

Theron Advisory Group
Uhlandstraße 179/180
10623 Berlin
+49 (0)30 8892210
www.theron.com

Ansprechpartner
Peter Jumpertz
Partner
+49 (0)163 6677788
peter.jumpertz@theron.com

TMG Consultants

Gründungsjahr	1986
Hauptsitz in Deutschland	Stuttgart
Anzahl der Hauptstandorte 2013 weltweit	2
Anzahl der Hauptstandorte 2013 in Deutschland	1
Berater weltweit 2013	80
Berater in Deutschland 2013	80

Die TMG Consultants GmbH ist ein Beratungsunternehmen, das sich seit 25 Jahren konsequent auf die Lösung komplexer Managementherausforderungen in Unternehmen der produzierenden Industrie fokussiert. Das Spektrum der Leistungen reicht von strategisch-organisatorischer Neuausrichtung über die Optimierung der kompletten Supply Chain bis hin zur Planung neuer Standorte und der Überarbeitung bestehender Werkstrukturen. Kernbranchen sind der Maschinen- und Anlagenbau sowie die Automobil- und Zulieferindustrie. Zu den Kunden gehören rund 270 mittelständische Unternehmen und Konzerne.

Hauptsitz des Unternehmens ist Stuttgart. Seit mehr als 15 Jahren gibt es zudem für Beratungsprojekte in Osteuropa eine eigene Repräsentanz in Bukarest. Über ein Netzwerk internationaler Experten und Projekt-Standorte sind die Berater auch außerhalb Europas präsent.

Viele Consultants der TMG waren vor ihrem Wechsel in die Management-Beratung in leitender Funktion in der Industrie tätig und verfügen über ein entsprechend tiefgreifendes industriespezifisches Fach-Know-how.

Das Unternehmen ist Preferred Supplier für Beratungsleistungen der Bosch-Gruppe und der Continental AG. Im vergangenen Jahr wurde den Beratern im Rahmen eines bundesweiten Benchmarking-Projektes die Auszeichnung »Top Consultant 2013/2014« verliehen. Insgesamt wurden seit der Gründung im Jahr 1986 mehr als 1.500 Beratungsprojekte durchgeführt.

TMG Consultants GmbH	**Ansprechpartner**
Schrempfstraße 9	Darya Nassehi
70597 Stuttgart	Geschäftsführer
+49 (0)711 7696760	+49 (0)711 7696760
www.tmg.com	info@tmg.com

Towers Watson

Gründungsjahr	2010
Hauptsitz in Deutschland	Frankfurt am Main
Anzahl der Hauptstandorte 2013 weltweit	132
Anzahl der Hauptstandorte 2013 in Deutschland	6
Berater weltweit 2013	k.A.
Berater in Deutschland 2013	k.A.

Die Towers Watson GmbH unterstützt Unternehmen bei der Optimierung ihrer Performance durch effektive Lösungen im Personal-, Risiko- und Finanzmanagement. Mit rund 14.000 Mitarbeitern weltweit berät sie zu allen Aspekten der betrieblichen Altersversorgung, des Talent- und Vergütungsmanagements sowie des Risiko- und Kapitalmanagements.

Die Aktivitäten des Unternehmens sind darauf ausgerichtet, den Kunden die Klarheit und Weitsicht zu verschaffen, die sie für die richtigen Entscheidungen und deren Umsetzung benötigen. Es stützt sich dabei auf eine umfassende Expertise in der Lösung von Problemstellungen aus den verschiedensten Themenfeldern.

Wichtiger noch: Die Berater agieren auf Augenhöhe – mit einem klaren Verständnis der Organisation der Kunden, der Art und Weise, wie sie arbeiten, sowie ihrer Ziele und Herausforderungen. Indem das Unternehmen das »Big Picture« mit den Plänen seiner Kunden verbindet, hilft es ihnen, die richtigen Ergebnisse zu erzielen.

Am 4. Januar 2010 fusionierten die Beratungsunternehmen Towers Perrin und Watson Wyatt zu Towers Watson – einer globalen Firma, deren Werte und einzigartiger Fokus auf den Kunden gleich geblieben sind. Die Wurzeln von Towers Perrin und Watson Wyatt reichen fast 150 Jahre zurück.

Towers Watson GmbH
Eschersheimer Landstraße 50
60322 Frankfurt am Main
+49 (0)69 150550
info-de@towerswatson.com
www.towerswatson.com

Unity

Gründungsjahr	1995
Hauptsitz in Deutschland	Büren
Anzahl der Hauptstandorte 2013 weltweit	10
Anzahl der Hauptstandorte 2013 in Deutschland	7
Berater weltweit 2013	140
Berater in Deutschland 2013	130

Die Unity AG ist die Managementberatung für zukunftsorientierte Unternehmensgestaltung. Sie schafft innovative Prozesse und Geschäftsmodelle – von der Konzeption bis zur Umsetzung – und steigert so die Innovationskraft und die operative Exzellenz ihrer Kunden. Die Beratungsleistungen reichen von Vorausschau mit Szenarien, Strategieentwicklung, Prozessmanagement über IT-Management bis hin zu Projektmanagement und Restrukturierungsmanagement. Daneben managt Unity den Produktlebenszyklus seiner Kunden: von Innovation und F&E über Produktentwicklung, Produktion und Digitale Planung bis hin zu Logistik und Supply Chain sowie Vertrieb und Service. Seit 1995 hat das Unternehmen nach eigenen Angaben mehr als 800 Projekte in der Automobilindustrie, der produzierenden Industrie und der Gesundheitswirtschaft durchgeführt. Zu den Kunden zählen sowohl renommierte mittelständische Unternehmen als auch 16 der DAX-30-Unternehmen. Unity ist mit 170 Mitarbeitern an neun Standorten im gesamten deutschsprachigen Raum vertreten und führt weltweit Projekte durch.

Der Beratungsfokus liegt auf den Branchen Automobilindustrie, Energiewirtschaft, Gesundheit und Medizintechnik, Konsumgüter, Luft- und Raumfahrt, Pharma und Chemie sowie produzierende Industrie.

Als Referenzkunden benennt Unity unter anderem Airbus, Audi, Bayer, B. Braun, BHW, BMW, Continental Automotive, Daimler, E.ON, Henkel, IWN, Kannegiesser, Klinikum Region Hannover, Lufthansa Technik, Miele, Olympus, Siemens, SRH Kliniken, Mettler Toledo, Volkswagen, Volvo CE, Wincor Nixdorf.

Unity AG
Lindberghring 1
33142 Büren
+49 (0)2955 7430
www.unity.de

Ansprechpartner
Dr.-Ing. Frank Thielemann
Mitglied des Vorstands
+49 (0)2955 743211
frank.thielemann@unity.de

zeb/rolfes.schierenbeck.associates

Gründungsjahr	1992
Hauptsitz in Deutschland	Münster
Anzahl der Hauptstandorte 2013 weltweit	17
Anzahl der Hauptstandorte 2013 in Deutschland	6
Berater weltweit 2013	ca. 700*
Berater in Deutschland 2013	ca. 550*

zeb/rolfes.schierenbeck.associates ist eine auf den Bereich Financial Services spezialisierte Managementberatung mit 17 Standorten in Deutschland, Dänemark, Italien, Luxemburg, Norwegen, Österreich, Polen, Schweden, der Schweiz, Tschechien, der Ukraine und Ungarn.

Die Kunden werden über die gesamte Wertschöpfungskette betreut. Die Beratung konzentriert sich auf die Bereiche Strategie, Vertrieb, Organisation und Unternehmenssteuerung. Ziel ist es, die Leistungsfähigkeit und Wettbewerbsstärke der Kunden auszubauen.

zeb/ fokussiert sich auf die Branche der Finanzdienstleistungsindustrie – Banken, Sparkassen, Versicherer und andere Finanzinstitute.

Das Unternehmen wurde von den Universitätsprofessoren Professor Dr. Bernd Rolfes und Professor Dr. Dres. h. c. Henner Schierenbeck Anfang 1992 in Münster gegründet. Es entwickelte sich schnell zu einer Beratung für Financial Services, die gleichermaßen hohen Wert auf die Qualität der Konzeption wie auf die praktische Begleitung der Umsetzung legt. 1995 begann zeb/ mit dem Aufbau des Bereichs Informationstechnologie. 2006 wurde der SAP-Spezialist ITE computence mit Sitz in Ulm integriert und im Jahr 2011 das Tochterunternehmen compentus/, welches auf die Beratung von Banken des Genossenschaftssektors spezialisiert ist. Die skandinavische Beratungsfirma Crescore mit Sitz in Stockholm, Oslo und Kopenhagen wurde 2012 übernommen.

* Stand Oktober 2013

zeb/rolfes.schierenbeck.associates
Hammer Straße 165
48153 Münster
+49 (0)251 971280
muenster@zeb.de
www.zeb.de

Teil V –
Anhang

Herausgeber	204
Autoren	205
Verzeichnis der Abbildungen	209
Bildnachweis	212

Herausgeber

Dr. Hans-Peter Canibol ist selbstständiger Publizist und Journalist. Er konzipiert und realisiert Bücher und journalistische Projekte mit Wertschöpfungspotenzial. So entwickelte er unter anderem die Serie »WirtschaftsWoche Top-Kanzleien«, die Aktion »Chef für 1 Tag«, das »Handelsblatt Handbuch Private Equity 2007« und den »WirtschaftsWoche Guide 2014 Vermögensverwalter«. Zuvor war Canibol Chefreporter und Mitglied der Chefredaktion von *DMEuro* und *Telebörse*, Reporter und Korrespondent bei *FOCUS*, Leiter des Geld- und Versicherungsressorts bei *Impulse* sowie Redakteur bei der *WirtschaftsWoche*. Vor seiner journalistischen Tätigkeit hat er in Ökonometrie mit summa cum laude promoviert, war Forschungsgruppenleiter an der Universität Bremen und Abteilungsleiter beim Zentrum für Europäische Wirtschaftsforschung in Mannheim.

Jörg Hossenfelder ist seit 2009 Geschäftsführender Gesellschafter der Lünendonk GmbH, Kaufbeuren. Der gelernte Kommunikations- und Politikwissenschaftler (Universitäten Mainz und Bologna) mit den Schwerpunkten Soziale Marktforschung sowie Öffentliche Meinung arbeitete nach dem Studium als Kommunikationsberater von Business-to-Business-Service-Unternehmen. Seit 2004 verantwortet Hossenfelder die Marktanalysen und Beratungskonzepte bei Lünendonk.

Er zeichnet zudem verantwortlich für die Marktsegmente Facility Management, Industrielle Instandhaltung, Security, Managementberatung sowie Wirtschaftsprüfung und Steuerberatung.

Thomas Lünendonk ist Gründer und Inhaber der Lünendonk GmbH, Kaufbeuren, und Marktanalyst und Unternehmensberater. Der gelernte Journalist gibt seit 1983 Markt-Rankings und -Studien, die sogenannten Lünendonk®-Listen und -Studien, heraus. Diese gelten sowohl in Deutschland als auch in den Nachbarländern als Standard und Marktbarometer. Mit dem Konzept Kompetenz³ bietet das Unternehmen Lünendonk Marktforschung, Marktanalysen und Marktberatung in der Informationstechnik-, der Beratungs- und der Dienstleistungsbranche aus einer Hand an.

Autoren

Prof. Friedrich Bock ist im Rahmen von MBA-Studiengängen seit 2007 Gastprofessor an verschiedenen asiatischen Universitäten. Sein Schwerpunkt ist China, wo er als Lektor und offizieller Berater der SEBA (School of Economics & Business Administration) der Beijing Normal University agiert. Er war vorher in Geschäftsleitungsfunktionen internationaler ITC- und Beratungsunternehmen tätig. Anfang 2014 erscheint sein Buch »Management Consulting« auf Chinesisch und Englisch.

Thilo Böhm ist Geschäftsfeldleiter für das Großkundengeschäft und Prokurist der Unity AG. Er verantwortet Projekte zu Prozess- und Transformationsmanagement, Operational Excellence, Service Management und Customer Centricity.

Markus Diederich verantwortet seit 2007 als Geschäftsführer bei Kienbaum Management Consultants (KMC) die Industriebranchen Manufacturing, Chemie/Pharma, Energy/Utilities, Health Care sowie den Bereich Public Management. Zum 01.01.2014 wurde er zum Sprecher der Geschäftsführung von KMC und zum Geschäftsführer von Kienbaum Consultants International (KCI) berufen. Zu seinen Beratungsschwerpunkten gehören Wachstums- und Organisationsfragen, Transformations- und Change-Programme. Nach einem Studium der Metallurgie- und Werkstoffwissenschaft an der RWTH Aachen sowie Stationen als Entwicklungsingenieur bei Thyssen und als Technischer Leiter eines Maschinenbauunternehmens war Markus Diederich mehr als zehn Jahre in verschiedenen Positionen bei Celerant Consulting tätig, zuletzt als Deutschland-Geschäftsführer.

Klaus Dieterich ist Geschäftsführer der TMG Consultants GmbH. Er ist spezialisiert auf Prozess- und Systemoptimierungen in Logistik und Produktion. Weitere Schwerpunkte seiner Beratungstätigkeit sind Fabrik- und Werkstrukturplanungen sowie Projektentwicklungen und die Steuerung von Großprojekten. Vor seinem Wechsel in die Beratung im Jahr 2001 war er mehrere Jahre kaufmännischer Leiter in einem mittelständischen Industrieunternehmen.

Prof. Dr. Roland Eckert ist Partner bei der Unternehmensberatung Consulting-4Drive und Professor für Internationales Management und Betriebswirtschaftslehre an der EBC Hochschule. Er war über viele Jahre in leitenden Positionen in der Industrie und in verschiedenen internationalen Beratungsunternehmen tätig. Dabei hat er namhafte DAX-, MDAX- und Mittelstandsunternehmen in allen Fragen der Strategieentwicklung, Restrukturierung, M&A/PMI und Reorganisation beraten. Er beschäftigt sich in Theorie und Praxis intensiv mit dem Thema »Geschäftsmodellinnovation im Hyperwettbewerb«.

Oliver Engelbrecht ist Partner bei BearingPoint im Bereich Financial Services mit dem Schwerpunkt Compliance-Beratung. Als Leiter des Competence Teams Compliance berät er u.a. Banken, Versicherungen und Kapitalanlagegesellschaften bei der frühzeitigen und effizienten Umsetzung von regulatorischen Anforderungen.

Sebastian Feldmann ist Partner bei PwC in München und leitet den Bereich Innovation, Product and Service Development. Mit mehr als 13 Jahren Beratungserfahrung ist er nach Stationen bei A.T. Kearney,

Ricardo Strategic Consulting und PRTM seit Juli 2012 bei PwC. In seinen Projekten fokussiert er sich darauf, das Wachstum und die Profitabilität seiner Kunden aus den unterschiedlichsten Branchen – von der industriellen Produktion über die Automobilindustrie bis hin zur Transport- und Luftfahrtbranche – zu steigern, indem er ihr Produkt- und Service-Portfolio optimiert und neu ausrichtet. Die Themenstellungen reichen dabei vom Aufsetzen eines Innovation-Operating-Modells über die Steigerung der Entwicklungsleistung und Service-Profitabilität bis zum Lebenszyklusmanagement von Kunden und Produkten. Der Diplom-Kaufmann mit Abschluss an der WHU – Otto Beisheim School of Management verfügt zudem über einen MBA von der Rotman School of Management in Toronto (Kanada) und der Kobe University in Japan. Zu seinen aktuellen Veröffentlichungen gehört die PwC-Studie »Innovation – Deutsche Wege zum Erfolg«. Er ist zudem einer der Autoren des umfassenden Handbuchs zum Thema »Serviceinnovation – Potenziale industrieller Dienstleistungen erkennen und erfolgreich implementieren«.

Alexander Griesmeier ist Director bei PwC und begleitet internationale Kunden bei der Definition und Umsetzung ihrer Corporate Strategy zur Schaffung einer nachhaltigen Wettbewerbsposition. Nach dem Studium der Physik begann er seine Karriere in einer internationalen Managementberatung. Zusammen mit drei Kollegen hat er 2012 das Buch »Serviceinnovation – Potenziale industrieller Dienstleistungen erkennen und erfolgreich implementieren« im Springer Verlag veröffentlicht.

Harald Grübel ist President & CEO der Unternehmensberatung Consulting4Drive. Er verfügt über langjährige Erfahrung im Aufbau neuer Geschäftseinheiten in bestehenden und neuen Märkten.

Nicolai Haase ist Vorstand der Evoluzione Media AG, die er 1998 gründete. Mit den verlagseigenen Publikationen erreicht das Münchener Unternehmen jährlich über eine Million angehende Hochschulabsolventen, Wissenschaftler und Young Professionals. Der Diplom-Kaufmann hat sein Examen an der Johann Wolfgang Goethe-Universität in Frankfurt gemacht.

Dr. Thomas Haller ist Managing Partner bei Simon-Kucher & Partners und Leiter des Wiener Büros. Er verantwortet die Energy Practice der Beratungsgesellschaft.

Dr. Carsten Hentrich ist Director für Digitale Transformation bei PwC. Sein Beratungsschwerpunkt liegt darauf, wie neue Technologien Geschäftsmodelle im digitalen Zeitalter verändern, und den damit verbundenen umfassenden Herausforderungen und Veränderungen für Unternehmen. Vor PwC leitete er als Cheftechnologe den Geschäftsbereich Innovation bei Infosys Deutschland und war in verschiedenen Fach- und Führungspositionen bei CSC, IBM und EDS tätig. Abgesehen von den erwähnten Technologiethemen fokussiert sich Dr. Hentrich auf innovative Management-Ansätze, die er erfolgreich umsetzte und veröffentlichte. Er studierte in Oxford und promovierte in London.

Dr. Walter Jochmann ist seit 1983 bei der Kienbaum Unternehmensgruppe und dort seit 1997/98 Vorsitzender der Geschäftsführung der Kienbaum Management Consultants GmbH, in der die Unternehmensberatungs-Aktivitäten der Kienbaum-Gruppe gebündelt sind. Seit 1999 ist er zudem Geschäftsführer in der Kienbaum Holding. Operativ führt er den Bereich Human Resource Management mit den Kompetenzfeldern HR-Strategie & -Organisation, Management Diagnostics & Development sowie PE-Prozesse & -Instrumente. Jochmann studierte Personal- und Organisationspsychologie an der Ruhr-

Universität Bochum und promovierte 1990 zum Dr. Phil. Er publiziert regelmäßig in führenden Personalzeitschriften, u.a. zu Fragen der strategischen Ausrichtung von Personalbereichen, dem strategischen Kompetenzmanagement sowie effektiven Formen unternehmensweiten Change Managements.

Peter Jumpertz ist Partner bei der Theron Advisory Group. Im Laufe seiner Karriere hat er unter anderem Methoden und Techniken für Unternehmensbewertung, Strategieentwicklung und Systemanalyse mitentwickelt.

Günter Krieglstein ist Managing Partner und Mitglied des Executive Boards der Managementberatung Detecon International. Er verantwortet den Geschäftsbereich für Beratungsprojekte und Klientenbeziehungen in der Industrie und unterstützt Unternehmen verschiedener Branchen auf dem Weg der digitalen Transformation.

Florian Lang ist Partner bei der Q_Perior AG. Seine Beratungsschwerpunkte sind IT-Vertriebsunterstützung, Vertriebswegemanagement, ganzheitliche Prozess- und Organisationsberatung, Test- und Einführungsmanagement sowie Projekt- und Großprojektmanagement.

Dietmar Müller gehört zu den Mitgründern der KPS Consulting GmbH, die das Unternehmen 2000 ins Leben riefen. Heute ist er Mitglied und Sprecher des Vorstands der KPS AG und für den Bereich Operations zuständig. Wesentliche Projektinitiativen bei Kunden von KPS werden durch seine Projektleitung direkt verantwortet. Vor der Gründung von KPS war Dietmar Müller bei der Plaut AG tätig. Dort leitete er verantwortlich diverse SAP-Einführungsprojekte im Großkundensegment und wurde 1996 in die Geschäftsführung der Plaut Deutschland GmbH berufen.

Jan Müller-Gödeke ist Principal bei der Inverto AG und leitet das Competence Center Supply Chain Management. Der Diplom-Wirtschaftsingenieur verfügt über umfangreiche Projekterfahrung in Handel und Industrie und greift außerdem auf vielfältige Einkaufserfahrung in einem der weltgrößten Elektronikkonzerne zurück.

Darya Nassehi ist Geschäftsführer der TMG Consultants GmbH. Er ist spezialisiert auf die Bereiche Strategie, Technik und Finanzen. Sein besonderes Augenmerk liegt auf Veränderungsprozessen, Unternehmensentwicklung und Portfoliomanagement. Nassehi verfügt über rund 15 Jahre Erfahrung in der Beratung und war für verschiedene DAX- und MDAX-Unternehmen tätig

Heiko Niedorff ist Manager bei der Q_Perior AG. Seine Beratungsschwerpunkte liegen in der Optimierung des Vertriebs- und Kundenmanagements, der Verbesserung von Vertriebs-, Marketing-, Einkaufs- und Service-Prozessen sowie im Projektmanagement.

Dr. Krystian Pracz ist Partner bei EY Managementberatung und verantwortlich für den Bereich Markets. Er ist zudem Lehrbeauftragter an der Universität zu Köln im Bereich Allgemeine Betriebswirtschaftslehre, Unternehmensentwicklung und Organisation.

Thibault Pucken ist Partner bei der Inverto AG und leitet das Competence Center Procurement Management. Der Diplom-Wirtschaftsingenieur verfügt über weitreichende Erfahrung im strategischen Einkauf und der Unternehmensberatung. Er verantwortet vor allem Projekte in der Industrie und verfügt über detaillierte Expertise aus Projekten bei namhaften Automobilzulieferern, Technologieunternehmen, Landmaschinen-, Beschlag- und Möbelherstellern.

Alexandra Rehn ist Journalistin und Journalismus-Dozentin. Sie lehrt unter anderem an der Fachhochschule Mainz im Studiengang Medien, IT & Management zum Thema Journalistische Grundlagen und an der Johannes Gutenberg-Universität Mainz zum Thema Politischer Journalismus. Zuvor war sie bei der Nachrichtenagentur AP Redakteurin und Chefin vom Dienst und hat beim ZDF das Nachrichtenportal www.heute.de aufgebaut und weiterentwickelt.

Dr. Carsten Rennekamp leitet die globale Einkaufsfunktion Professional Services bei Bayer HealthCare. Als »Lead Buyer« für den Bayer-Konzern beschaffen sein Team und er ein Portfolio an Dienstleistungen inklusive Management-Beratungsleistungen. Nach seinem Studium und der Promotion in Chemie in Göttingen war Hr. Rennekamp einige Jahre als Unternehmensberater bei der Accenture GmbH in Düsseldorf und zuletzt als Leiter des Bereichs Strategische Planung von Bayer MaterialScience in Leverkusen und Shanghai tätig.

Hans-Georg Scheibe ist Vorstand der ROI Management Consulting AG. Er verantwortet dort die Themen Supply Chain Management, Business & IT Alignment sowie Standortaufbau und -optimierung in Osteuropa. Zudem ist er für die Unternehmenskommunikation, Finanzen & Recht und das ROI-Partnernetzwerk verantwortlich. Vor seiner Tätigkeit für die ROI-Unternehmensberatung war Hans-Georg Scheibe bei der Rosenthal AG, Selb, Direktor für Logistik und Einkauf. Seine berufliche Laufbahn startete er bei der BSH Bosch Siemens Hausgeräte GmbH im Bereich internationale Logistik. Hans-Georg Scheibe hat an der Universität München Betriebswirtschaft studiert.

Dr.-Ing. Frank Thielemann ist Mitglied des Vorstands der Unity AG. Er verantwortet das Innovations- und Entwicklungsmanagement sowie das Großkundengeschäft.

Antonio Schnieder ist seit dem 1. Januar 2007 Präsident des Bundesverbandes Deutscher Unternehmensberater e.V. (BDU). Er ist zudem seit 2011 Vorsitzender des Aufsichtsrats der Capgemini Deutschland GmbH. Zuvor war Schnieder seit 2005 Globales Vorstandsmitglied der Capgemini S.A. und seit 2001 Vorsitzender der Geschäftsführung der Capgemini Deutschland Holding GmbH. Von 1996 bis 2001 war er Vorstand der Ernst & Young AG sowie CEO Europe Ernst & Young Consulting.

Dr. Heinz Streicher ist Principal bei der Lünendonk GmbH. Der Diplom-Volkswirt und Dr. rer. pol. ist seit 1990 zudem selbstständiger Unternehmensberater für Marketing und Management in der Hightech- und der Dienstleistungsbranche.

Dr. Robert Wagner ist Mitglied des BearingPoint Management Committees und globaler Leiter des Bereichs Financial Services. Im Zuge seiner langjährigen Erfahrung arbeitet er mit führenden nationalen sowie internationalen Banken und Versicherungsgruppen zusammen. Seine Schwerpunktthemen sind u.a. Risikomanagement, Compliance und Regulatorik.

Mario Zillmann ist Leiter Professional Services beim Marktforschungs- und Beratungs-Unternehmen Lünendonk GmbH, Kaufbeuren. Er ist gelernter Versicherungskaufmann und studierte Betriebswirtschaftslehre an der Fachhochschule für Wirtschaft in Berlin mit den Schwerpunkten Marketing sowie Information und Kommunikation.

Verzeichnis der Abbildungen

Nr.	Titel	Seite
1	Die mittelfristig (2015–2020) wichtigsten Herausforderungen. Sicht der Kunden (Lünendonk®-Studie »Business Innovation/Transformation Partner«, November 2013)	15
2	Erwartete Ausgabenentwicklung der Großunternehmen für Strategie- und Managementberatung 2014 bis 2015 (Lünendonk®-Studie »Business Innovation/Transformation Partner«, November 2013)	17
3	Bewertung von Faktoren für die grundsätzliche Kaufentscheidung für externe Managementberatung (Lünendonk®-Studie »Strukturen, Trends und Qualitätsmerkmale im Einkauf von Managementberatung«, November 2012)	20
4	Vergleich der Markt- und Unternehmensumsatz-Prognosen der Managementberatungs-Unternehmen. Durchschnittliche jährliche Wachstumsraten (Lünendonk GmbH)	25
5	Mehr als 70 Prozent der Teilnehmer fühlen sich durch den Fachkräftemangel in ihrer Entwicklung behindert. Frage: Welche Faktoren behindern die Entwicklung und den Erfolg Ihres Unternehmens zurzeit besonders? (Lünendonk®-Studie 2013 »Führende Managementberatungs-Unternehmen in Deutschland«, Juli 2013)	27
6	Geschäftsklimaindex, September 2010 bis September 2013 (Geschäftsklimabefragung des Bundesverbandes Deutscher Unternehmensberater BDU e.V. für das 3. Quartal 2013)	34
7	Teilnehmer am chinesischen Management-Beratungsmarkt (Auswahl) (Prof. Friedrich Bock, »Management Consulting«, China 2014)	44
8	Zielgruppen der externen Kommunikation über das Internet (Umfrage Alexandra Rehn unter Management-Beratungsunternehmen, November 2013)	60
9	Ziele der externen Online-Kommunikation (Umfrage Alexandra Rehn unter Management-Beratungsunternehmen, November 2013)	61
10	Aktive Nutzung der Kommunikationskanäle im Social Web (Umfrage Alexandra Rehn unter Management-Beratungsunternehmen, November 2013)	62

Nr	Titel	Seite
11	Bedeutung von Social Media als Teil der B2B-Kommunikation in der Management-Beratung (Umfrage Alexandra Rehn unter Management-Beratungsunternehmen, November 2013)	63
12	Stellenwert der Online-Kommunikation im Vergleich zu klassischen Kanälen der Unternehmenskommunikation (Umfrage Alexandra Rehn unter Management-Beratungsunternehmen, November 2013)	64
13	Rapid Prototyping – ein Ansatz, der Aufwand, Umsetzungsdauer und Projektrisiken reduziert (KPS AG)	80
14	Das [Business]-[Process]-[Excellence]-Programm (Unity AG)	84
15	Die OMEGA-Methode. Bereits 1995 hat die Unity AG gemeinsam mit dem Heinz Nixdorf Institut die Methode OMEGA (Objektorientierte MEthode zur GeschäftsprozessAnalyse) entwickelt; sie wird seitdem kontinuierlich weiterentwickelt (Unity AG)	86
16	Ableitung von Schlüsselfaktoren aus den Chancen und Risiken (Kienbaum)	94
17	Gestaltungsdimensionen im Veränderungsprozess (Kienbaum)	95
18	Entwicklung der CRM-Strategie. Die CRM-Strategie muss klar und in allen Unternehmensbereichen transparent sein (Q_Perior AG)	100
19	Generierung und Nutzung von Wissen. Closed-Loop-Ansatz zur Schaffung strategischer Mehrwerte und nachhaltiger Kundenbindung (Q_Perior AG)	102
20	Der Ansatz von Detecon zur digitalen Transformation. Der Navigator zur Entwicklung von digitalen Business Capabilities (Detecon Consulting)	106
21	Innovationsschwerpunkte der Unternehmen 2013/2014 (PwC-Studie »Innovation – Deutsche Wege zum Erfolg«, September 2013)	115

Nr	Titel	Seite
22	Veränderung der Geschäftsmodelle durch Digitalisierung (PwC-Broschüre: »Digitale Transformation – Der größte Wandel seit der industriellen Revolution«)	118
23	Markante Phasen der Steuerung der IT-Funktion in Konzernen (Theron)	121
24	Das IT-Dilemma: Zunehmender Druck und abnehmende Freiheitsgrade (Theron)	122
25	Ständiger Balance- und Kraftakt mit unsicherem Ausgang (Theron)	123
26	Vier »IT-Genotypen« – mehr gibt es nicht (Theron)	124
27	Der Weg zu operativer Exzellenz in einem Unternehmen (ROI Management Consulting AG)	128
28	Die Optimierung der SCM-Performance bewegt sich im Spannungsviereck (Inverto AG 2013)	146

Bildnachweis

Sämtliche hier nicht aufgeführten Abbildungen wurden uns freundlicherweise von den Unternehmen und/oder den abgebildeten Personen zur Verfügung gestellt. Sollten unbeabsichtigt Credits nicht ausgewiesen sein, so bitten wir um Entschuldigung und um Mitteilung an die Redaktion.

Seite	Quelle
Titel	ktsimage – iStock
10/11	MACIEJ NOSKOWSKI – iStock
13	Robert Churchill – iStock
23	Filograph – iStock
30	Dennis Junker – Fotolia.com
33	kirbyzz – iStock
36/37	Kalafoto – Fotolia.com
41	Robert Churchill – iStock
42	oksanaphoto – iStock
49	Robert Churchill – iStock
50	Coloures-Pic – Fotolia.com
52	Argonavt – iStock
57	sdominick – iStock
58	Pingebat – iStock
66	mediaphotos – iStock
70	AndreaAstes – iStock
72/73	MACIEJ NOSKOWSKI – iStock
74	alengo – iStock
75	Stauke – Fotolia.com
76	Blackosaka – Fotolia.com
78	ArchMen – iStock
79	teekid – iStock
82	Olena_T – iStock
83	chinaface – iStock
88	pictafolio – iStock

Seite	Quelle
89	PureSolution – Fotolia.com
92	oonal – iStock
96	Fotolia.com
98	Chart Petrovich9 – iStock
104	Julien Eichinger – Fotolia.com
105	Zffoto – iStock
107	Tesla Motors
108	everythingpossible – Fotolia.com
110	wragg – iStock
114	gunnar3000 – iStock
116	Hilti AG
120	Tomasz Wyszołmirski – iStock
126	Ig0rZh – iStock
132	Jason Ganser – iStock
133	MACIEJ NOSKOWSKI – iStock
135	car2go GmbH
138	Risk /R&C – Olivier Le Moal – Fotolia.com
139	lullabi – iStock
140	Krasimira Nevenova – iStock
141	charnsitr – Fotolia.com
142	Warchi – iStock
144	tbabasade – iStock
145	Jürgen Priewe – Fotolia.com
147	geopaul – iStock
148	tashatuvango – Fotolia.com
150/151	MACIEJ NOSKOWSKI – iStock
202/203	MACIEJ NOSKOWSKI – iStock
U4	Chinaface – iStock
U4	Warchi – iStock
U4	Mediaphotos – iStock

FAKTEN & KÖPFE

Medienprodukte mit Mehrwert

FAKTEN & KÖPFE schafft mit seinen Publikationen Transparenz in unübersichtlichen Märkten. Zusammen mit unseren Partnern entwickeln Redaktion und Verlag Produkte, die den jeweiligen Zielgruppen in prägnanter Form einen Einstieg in ihre Themen ermöglichen und die Ansprechpartner aufzeigen, die ihnen bei der Umsetzung ihrer Anliegen zur Seite stehen.

faktenundkoepfe

Fakten & Köpfe Verlagsgesellschaft mbH · Mainblick 27 · 65451 Kelsterbach
Telefon 06107 3089721 · info@faktenundkoepfe.de

Notizen

Notizen